大阪建築

みる・あるく・かたる

柴崎《しばさき》さん　倉方《くらかた》さん

建築史家・倉方俊輔（くらかた・しゅんすけ）

1971年東京都生まれ。好きな建物は綿業会館。大阪市立大学大学院工学研究科准教授。幕末から戦後にかけての日本の建築を研究。著書に『吉阪隆正とル・コルビュジエ』『ドコノモン』、共著に『伊東忠太を知っていますか』『東京建築 みる・あるく・かたる』ほか。

文筆家・柴崎友香（しばさき・ともか）

1973年大阪府生まれ。好きな建物は大丸心斎橋店。2000年のデビュー作『きょうのできごと』が行定勲監督により映画化。07年『その街の今は』で芸術選奨文部科学大臣新人賞・織田作之助賞大賞、10年『寝ても覚めても』で野間文芸新人賞、14年『春の庭』で芥川賞を受賞。

もっと 建築を楽しむために

倉方さん直伝！
たてものを見る前に
おさえたい5つのコツ。

建築家の名前をチェック

知らなくてもいいけど、知っててもいい。だからこうなんだと気づいたり、違う場所や時代の建築がつながったり、ふとした発見の種になります。

もっと近づく、もっと離れる

建築は動きません。こちらが動きましょう。身体をグッと寄せたり、遠くから風景として眺めたり。初めは気づかなかったさまざまな表情が見えてくるはず。

入ってみる、使ってみる、買ってみる

公共的な建物や商店など、普通の人が入れる場所へ足を踏み入れてみては？ すてきなものを買う、意外な場所に泊まる、おもしろい人と話す。建築を通じた出会いがあるのも、建築の楽しみです。

なんでこうなのか考える

なんでこんな建ち方をしているんだろう？ この部屋はなぜここにある？ あの形はなんだ？ この部分が無かったらどんな感じがする？ 大いに当てずっぽうで行きましょう。

大いに語る

同じ建築なのに、こんなにちがうところを見ていたのか。でも、なんだか共感。語ろうとすると頭が整理されるので、意外なアイデアを口にしてビックリなんてことも。

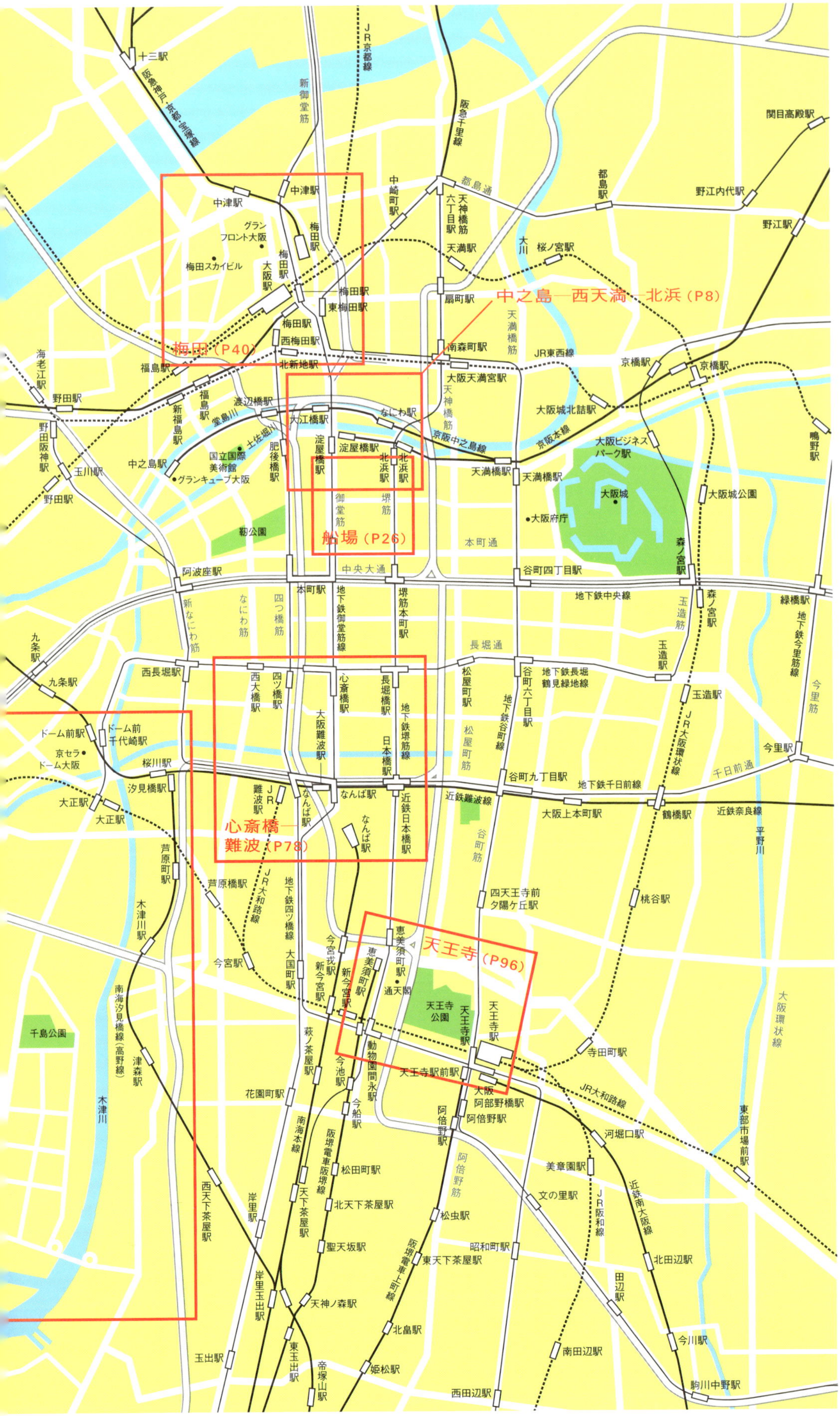

梅田（P40）
中之島―西天満―北浜（P8）
船場（P26）
心斎橋―難波（P78）
天王寺（P96）
十三駅
阪急神戸・京都・宝塚線
JR京都線
新御堂筋
阪急千里線
中津駅
グランフロント大阪
梅田スカイビル
大阪駅
梅田駅
東梅田駅
西梅田駅
北新地駅
福島駅
海老江駅
野田駅
野田阪神駅
玉川駅
新福島駅
福島駅
渡辺橋駅
堂島川
土佐堀川
国立国際美術館
グランキューブ大阪
中之島駅
肥後橋駅
大江橋駅
淀屋橋駅
なにわ橋駅
北浜駅
京阪中之島線
中崎町駅
天神橋筋六丁目駅
都島通
天満駅
扇町駅
天満橋筋
南森町駅
大阪天満宮駅
天神橋筋
JR東西線
大川
桜ノ宮駅
都島駅
野江内代駅
関目高殿駅
野江駅
京橋駅
大阪城北詰駅
京阪本線
大阪ビジネスパーク駅
鴫野駅
天満橋駅
大阪城
大阪城公園
大阪府庁
御堂筋
堺筋
本町通
靭公園
阿波座駅
中央大通
本町駅
谷町四丁目駅
森ノ宮駅
地下鉄中央線
緑橋駅
新なにわ筋
なにわ筋
四つ橋筋
地下鉄御堂筋線
堺筋本町駅
長堀通
玉造筋
玉造駅
地下鉄今里筋線
今里筋
九条駅
九条駅
西長堀駅
西大橋駅
四ツ橋駅
心斎橋駅
長堀橋駅
地下鉄堺筋線
松屋町駅
谷町六丁目駅
地下鉄長堀鶴見緑地線
地下鉄谷町線
玉造駅
JR大阪環状線
ドーム前駅
ドーム前千代崎駅
京セラドーム大阪
桜川駅
大阪難波駅
日本橋駅
松屋町筋
今里駅
千日前通
汐見橋駅
JR難波駅
なんば駅
なんば駅
谷町九丁目駅
地下鉄千日前線
大正駅
大正駅
近鉄難波線
大阪上本町駅
鶴橋駅
近鉄奈良線
平野川
芦原町駅
なんば駅
近鉄日本橋駅
谷町筋
芦原橋駅
JR大和路線
地下鉄四ツ橋線
四天王寺前夕陽ケ丘駅
桃谷駅
木津川駅
今宮戎駅
恵美須町駅
今宮駅
大国町駅
新今宮駅
新今宮駅
通天閣
天王寺公園
天王寺駅
天王寺駅
大阪環状線
南海汐見橋線（高野線）
千島公園
萩ノ茶屋駅
寺田町駅
津森駅
今池駅
動物園前駅
天王寺駅前駅
大阪阿部野橋駅
JR大和路線
木津川
花園町駅
今船駅
阿倍野駅
阿倍野駅
河堀口駅
南海本線
阪堺電車阪堺線
東部市場前駅
松田町駅
阿倍野筋
美章園駅
近鉄南大阪線
西天下茶屋駅
天下茶屋駅
北天下茶屋駅
文の里駅
JR阪和線
岸里駅
松虫駅
聖天坂駅
阪堺電車上町線
昭和町駅
東天下茶屋駅
北田辺駅
田辺駅
岸里玉出駅
天神ノ森駅
北畠駅
今川駅
玉出駅
東玉出駅
帝塚山駅
姫松駅
南田辺駅
西田辺駅
駒川中野駅

大阪建築さんぽMAP

大物駅
阪神本線
つくば線
塚本駅
千船駅
御幣島駅
出来島駅
姫島駅
福駅
阪神なんば線
淀川駅
新伝法大橋
神崎川
伝法駅
淀川
神崎川橋
千鳥橋駅
西九条駅
西九条駅
JRゆめ咲線
弁天町駅
弁天町駅
ユニバーサルシティ駅
ユニバーサル・
スタジオ・ジャパン
安治川
みなと通
桜島駅
大阪プール
朝潮橋駅
大阪市中央体育館
大阪港駅
海遊館
大阪文化館・天保山
尻無川
大阪港咲洲トンネル
港大橋
なみはや大橋
コスモスクエア駅
トレードセンター前駅
コスモタワー
アジア太平洋
トレードセンター
インテックス大阪
地下鉄南港ポートタウン線
中ふ頭駅
ポートタウン東駅
ポートタウン西駅
木津川運河
大正（P60）
南港大橋

もくじ

リバーサイドに
近代都市のシンボルがずらり。

中之島―西天満―北浜

建築散歩ルート

1 日本銀行大阪支店
2 大阪市中央公会堂
3 大阪弁護士会館
4 大江ビルヂング
5 大阪証券取引所ビル
6 高麗橋野村ビル

まずやって来たのは、近代建築がひしめく中之島。京都から大阪湾へと流れゆく川の周りに発達した、まさに大阪の中心地といえるエリアです。

大阪の近代建築はここから始まった。

柴崎さん（以下、柴） 日本銀行大阪支店は、いつも人の気配がまったくしませんよね。御堂筋という大阪一のメインストリートに空き家があるような感じがして、気になってました。

倉方さん（以下、倉） 現在のオフィスは後ろの増築部分にあって、もともとの正面部は資料館のように使われています。設計者は東京帝国大学の最初の教授を務め、後の大家たちを育成した辰野金吾。東京の日本銀行本店と一緒です。

柴 言われてみれば、東京の日銀となんとなく印象が似ていますね。

倉 大阪のほうは完成したのが1903年で本店の7年後。辰野の過渡期にあたるんですね。この年に大学を辞めて、東京に辰野葛西事務所を開設します。その2年後には教え子で、日本銀行の技師として大阪支店に携わった片岡安と共に辰野片岡事務所を設立する。これが大阪で最初の本格的な建築設計事務所に成長します。

柴　改めて見ると、屋根がついてたり、飾りの柱があったりでごちゃごちゃしてますね。左右のドームの形もちょっと変ですし。

倉　東京駅のような「辰野式」と言われる賑やかな作風になるのはこの後。なにせ人々の規範となるべき帝大教授ですから、まだオーソドックスな古典主義建築に踏み

日本銀行大阪支店 ● 1903年施工。事前予約制で内部見学も実施している。大阪市北区中之島2-1-45

大阪市役所 ● 現在の庁舎は1985年竣工。市民ロビーに旧庁舎のステンドグラスなどが見られる。大阪市北区中之島1-3-20

とどまってますけど、ふつふつと意匠心が顔を覗かせて。

柴　足し算のデザインなんですね。なんだろう、ちょっと関西のおばちゃんっぽいのかな。なくていいのに、余計なものをつけ足してしまう。

倉　建築界の大家は関西のおばちゃんだった（笑）！　でも、言い得て妙。決して上手いデザインではないから愛らしいんだ、辰野建築って。御堂筋をはさんで向き合う大阪市役所も、１９８０年代に今の庁舎に建て替わる前は片岡安が設計に関わった、威風堂々とした建築でした。中央の塔の頂部は、今も屋上に移設されています。

柴　そこに「みおつくしの鐘」があって、成人式の日に鐘をつけるんです。ニュースを見ていたら、中学校の後輩が成人代表として出てたからびっくりして（笑）。

倉　そんな風に使われているとは知りませんでした。にしても、おそるべき確率（笑）。隣の土佐堀川に架かる淀屋橋は、伸びやかで美しい橋。すぐ北の堂島川にある大江橋と併せて、国の重要文化財に指定されています。

柴　えー！　何度も通ってるのに知らなかった。

倉　先代の大阪市役所が完成した１９２１年から第一次都市計画事業が始まります。大阪市内に１５０余りの橋を架けるのですが、その時に大阪市は、武田五一という京都帝国大学で教鞭を執っていた建築家をデザイン顧問に据えました。淀屋橋と大江橋については大阪市役所との調和を意図した案を一般から募集。武田やその弟子が現在の美観に整えた。建築と土木の垣根を越えた、いまで言う「景観デザイン」の先駆けです。

柴　ちょうどこの橋を境にして、近代の新しい大阪が始まっている感じがします。かつては、南に船場の町家が広がっていて、この土佐堀川より北は町外れだったんですね。

倉　そう。江戸時代からの連続性が強い船場に対して、中之島周辺

では大正期から昭和戦前期にかけて、大胆な西洋化、近代化が推し進められました。

柴　あっ、船が通りますよ。手を振ると、船のおっちゃんが手を振り返してくれるのが大阪やなぁ。大阪の人間性もありますし、川との距離も東京よりずっと近い。

倉　東京だと、都市と水面がここまで親しくはならないですよね。水辺があったとしても川幅が狭く、水位の変化が大きいので、護岸を高くしないといけませんから。

柴　そうか、大阪平野はなだらかで起伏がとぼしいから、川幅も広いですもんね。

倉　明治以降になっても東京のほうが洪水対策に苦労しています。さて、淀屋橋の向こうに見えるのが石原ビルディング。

柴　縦のデザインが強調されて、ずいぶんモダンですね。

倉　完成は1939年で、この頃になると建築のデザインが抽象的な美しさを目指していったことがわかります。窓の変化がリズミカルなので、水面に映えますね。戦前の鉄筋コンクリート建築としては、ほぼ最後の時期にできました。

柴　資材統制が厳しくなって、建てられなくなるんですね。NHKの朝ドラ『ごちそうさん』でまさにそのあたりの話をしてました。

倉　鉄筋コンクリートの建物にも技術者の熱い思いがあると教えてくれるドラマでしたね。

土佐堀川にかかる淀屋橋は、1930年完成当時の面影を見せる。

石原ビルディング ● 江戸時代に創業したという「石原時計店」が入居。シンプルながら男前な、実は戦前のビル。広告看板もそれぞれに味わい深い。大阪市中央区北浜4-1-1

図書館と公会堂、その背景にドラマあり。

倉　市庁舎の裏手にある**大阪府立中之島図書館**は重要文化財。住友家の寄付で建てられました。入ってみましょう。

柴　はぁ、これは立派！　ドーム屋根の下が中央ホールになっていて、特に何の機能もない空間で広々としています。

倉　「知の殿堂」って、こういうことかと思わされますよね。

柴　規模は違いますけど、ニューヨーク公共図書館に行った時に、ここと雰囲気が似てるなと思いました。あちらも閲覧室が小部屋に分かれてますし、州立とかじゃなく、民間の寄付でできています。

倉　市庁舎、図書館、それに公会堂は市民のための施設。19世紀以降、従来の教会に代わるシンボルとして、都市の中心部に競うように建てられました。ですから、ヨーロッパでもアメリカでも、これらには名建築が多く、市民の誇りになっているんですよ。

柴　この図書館の東隣が**大阪市中央公会堂**ですから、大阪はまさにその3つがきれいに並んでますね。

倉　近代の市民社会の3点セットが何だったのかを、ここまでわからせてくれる街はそうない。大阪こそが世界都市なんです。

大阪府立中之島図書館 ● 1904年、第15代住友吉左衛門の寄付により本館が完成。ドーム状の中央ホールは教会を思わせる。左右両翼の建物は、1922年の増築。大阪市北区中之島1-2-10

柴　大阪市中央公会堂は一時期、取り壊しの話がありましたけど、きれいに残されてほっとしました。

倉　川の中州で地盤が弱いため、建物の周囲をすべて掘り、地盤を固めるなどの免震改修工事を行って、安全性も確保した。英断です。

柴　そんなに大変な工事だったんですね。私の高校の合唱大会は、伝統的に中央公会堂でやってるのが自慢。当時は改修前だから、まだ薄暗いイメージでしたけど。

倉　こんな立派な公会堂があるのは、株で財産を築いた岩本栄之助の寄付のおかげ。アメリカを視察した時に、向こうの実業家が立派な建物を寄付していることに感激して、自分も！とぽんとお金を出しました。

柴　それはいまのお金持ちの人もぜひマネしてほしい！

倉　しかし、岩本は株の下落で大損をしてピストル自殺しましたから、完成した姿は見ていません。

柴　それが30歳すぎですか…かなり壮絶な人生ですね。

倉　すごい建築ほど、たいてい背後にあるドラマもすごいもの。建築のおかげで、岩本の名は歴史に刻まれています。いまは内部に岩本の資料館や食堂も設けられて、開放的に使われていますね。

柴　一般の人でもホールや部屋を借りることもできて、会議室には

大阪市中央公会堂●1918年の開業後、ヘレン・ケラーやガガーリンらの講演会も開かれてきた。地下1階にある岩本栄之助の記念室は無料で公開。大阪市北区中之島1-1-27

MIZUHO
京阪電車

撮影は、大阪弁護士会館の上層階から。
中之島の軸線がくっきりと見える

天井画があったりするんですよ。

倉 東京の明治生命館や鳩山会館などで知られる岡田信一郎の出世作。公会堂の建設にあたっては、一流建築家に案を競わせて設計者を決めることになりました。まだ20代の岡田信一郎が一等に輝き、審査委員長だった辰野金吾が朱書きを入れて、いまの形に。

柴 それで違うデザインがまた足されちゃった（笑）。

倉 もとの岡田の案のほうが格好いい…なんて言ったら、辰野先生に叱られるかな（笑）。

大阪市中央公会堂の階段は創建時の意匠がのこっている

中之島から見通す、近代都市、大阪の骨格。

倉 公会堂からまっすぐ延びる道を東へ進むと、難波橋。

柴 橋のたもとにはライオン像があって、阿吽の形に口を開けたのと閉じたのが対になってます。

倉 北から来ると、ここから大阪に入るぞという参道のようですね。

柴 川の中洲にはバラ園があるんですが、ビアガーデンもできたりして、いつの間にかきれいに整備されてます。近年また、大阪の街も人の気持ちも川に向かいはじめたのを感じますね。戦後の一時期は、建物は川に背を向けて建てられていましたから。

倉 中之島公園を散歩したり、川沿いのビルで飲食したり、思い思いに水辺を楽しんでいる様子。ふらっと来られる都心部に、人と自然に触れられる空間が用意されているのがいいですね。

柴 何と言っても、中之島は「東洋のシテ島」ですから（笑）。

倉 昔から大阪って「東洋の」や「東洋一」が大好き（笑）。川に沿った東側を見ると、1926年に完成した旧大林組本社ビルが風格を醸し出しています。うしろにあるさらに大きな板状の建物は、西日本で最初の超高層ビルで、約半世紀後に本社として建てられました。

柴 さすが、大阪を代表する建設会社のビル、きちっとしていますね。隣に超高層マンションができて、まぎれてきましたけど。

倉 そして、この難波橋あたりか

「ライオン橋」とも言われる難波橋。写真は、阪神高速道路の高架と交差する北側橋詰だが、橋の中央部では東西が広く見渡せて爽快

ら改めて西を見ると…。

柴　公会堂、図書館、市庁舎と建物がだんだん高くなってるのが、きれいに見通せますね！　その向こうには新しく建て替えられた中之島フェスティバルタワーまで。

倉　大阪というと、ごちゃごちゃとした街という先入観を抱いている人も少なくありませんが、都市の全体性は明快ですよね。

柴　両側に川が流れているから、抜けもいいですね。川をさかのぼれば大阪城に通じていますし、歴史の移り変わりも一目瞭然！

倉　中之島から街歩きを始めると大阪のイメージが掴みやすいので、おすすめです。川の両側には裁判所や証券取引所もあって、近代の都市が備えるべき大規模施設が揃ったエリア。今度は裁判所のある西天満を歩きましょうか。

建築好きにはたまらん、地方裁判所と弁護士会館。

倉　大阪地方裁判所は、落ち着いた四角い外観で、川沿いの眺めを引き締めています。しかし、単に無表情というわけでもない。

柴　ほんまや。窓枠も兼ねたような柱が斜めになっていたりして。細部に手づくりの雰囲気がありますね。

倉　北欧モダンを彷彿とさせる好ましさ。内部もいいんですよ。2012年、私も含めた原告団が大阪中央郵便局が壊されることに対して「義務付け訴訟」という裁判を起こしました。入廷すると、天井高を上手に変えていたり、光の採り入れかたも柔らかかったり。みんな建築好きなので、いいねーって建物見学モードに（笑）。

柴　私も一度、弁護士志望の友だちに連れられて傍聴に行ったことがあります。その時は建物というよりも、裁判の印象が濃すぎて。

倉　どんな裁判でした？

柴　医療関係の詐欺事件で内容は深刻なんですけど、連れて行かれたというフィリピンの病院の様子が変で。突然、看護婦さんが踊りだしたとか、そんな話でした。

大阪地方裁判所●均一なリズム感に、ミニマルテクノのようなグルーヴ感さえ覚える外観。法廷は事前に申し込まずとも傍聴できる。大阪市北区西天満2-1-10

倉　現実ってすごい！どんな変な形にしても建築は負けてしまうなあ（笑）。司法つながりでぜひ見ていただきたいものがあります。日建設計の設計で、大阪弁護士会館。2006年に開館しました。

柴　ものすごい数のレンガが、ニットの編みこみのように外壁に使われてます。最近の建物としてはかなり凝ってますね。

倉　日建設計の中でも職人肌の設計者、江副敏史さんがチーフですからね。現代的な透明感に味のある素材が組みあわされています。編んだように見えるのはレンガに微妙な膨らみを持たせているためで、ざっくりした印象なのはわざと焼きムラを付けているから。そして、中に入ると……。

柴　うわっ！　床も陶板なんや。

倉　ロビーの天井は高く、柱は細い。道路側は一面のガラス。開放感がありますよね。

柴　最新技術で建てられてるんでしょうけど、ステンドグラスがあったり、ベンチも木そのものだったりして、温もりがある。

倉　日建設計は大阪府立図書館や住友ビルディングを手がけた住友の設計チームを母体に生まれた組織です。戦後に大きくなって、今では東京の事務所でも多くの仕事を手がけています。ただ、東京と大阪とで作風の傾向が異なるのがおもしろい。スタイリッシュなだけではなくて、独特のこだわりがあって、大阪の日建設計の伝統を感じさせるのが、この大阪弁護士会館。

柴　あっー！　建物の横に、大きな文字で看板が。「ないな、可視化しかないな」…。

倉　回文ですね…何かひねろうとしてます。

柴　いまいち意味もわからないけど、この建物にして、回文の看板、ちょっとうれしくなりますね。

弁護士会

法曹の街は意外にモダンの宝庫。

倉　裁判所の周りには小さめのビルが密集しています。中でも風格あるのが大江ビルヂング。弁護士事務所の入居を見込んで1921年に建てられました。

柴　ビルの前にある電線が、めっちゃ難易度の高いあやとりみたいになっちゃってますね。

倉　アジア的な混沌…建物にもそんなところがあると言えばある。

柴　ビルの上にお寺のような屋根があって、鬼瓦までついてますよ。

倉　和風もアール・ヌーヴォーも呑み込んで、いわばオレ流。大阪には様式を取り混ぜた意欲作が多いのですが、これもその代表格。

柴　我が道を行ってますね。柱がなぜかふっくらとして。

倉　普通は堅牢に見せるべき柱をむにゅっと曲げて、コーナーから親しげに人を招こうとしています。

柴　窓枠もおそらく昔のまま。よく見ると、屋上は庭のようになってるし、その柵にいたるまでちゃ

大阪弁護士会館●外観から想像するより、ロビーの雰囲気はとても開放的。レンガを組み合わせた壁面は、近くで見るとより驚きがある。大阪市北区西天満1-12-5

道路に沿って鋭角に建つ大江ビルヂング、縦横無尽な電線に西天満の歴史を感じる。左ページは、大江ビルヂング近景。つい触りたくなる極上の丸み！

んと模様が入っている。

倉 細部まで手を抜いていない。

柴 しかもオレ流で。大阪って、どこかにオリジナリティを入れよう入れようとする意識がある。

倉 本来ものづくりって、自分がいいと思ったものをつくるものですよね。東京は一国の首都だから、そこまで自由にやれない。波に乗るか、生み出すかどちらかみたいな静かな抑圧がある。

柴 ありますね。まず評価や流行を見て、どう思われるかという位置づけが先に立ってしまう。大阪もそれはあるけど、それよりも「自分はこれがええ!」って意識が勝つことの方が多い。

倉 大阪のほうがむしろ普通なのでは。建築にも、そういう健康さが現れています。柱をふっくらさせて何が悪いんだ!

柴 石だけどふっくらさせたいんだ! 東京ではみ出た建築家が大阪で活躍しているのもおもしろい。

倉 西天満の街をもう少し歩いてみましょうか。

柴　あっ、このビル、建物があった跡を活かして絵を描いてますよ。

倉　いきなりありましたねえ。かつての建物の痕跡が隣の壁面にのこっているのはよく見かけますけど、それを積極的に活用している。

柴　窓の跡に鳥を描いたりして、凝ってますね。

倉　あるものを楽しむっていうのはいいですよね。タダなんだから。

柴　このあたりは、思ったよりもモダンな建物がたくさんあります。東京で言えば、青山とか六本木の裏手にあるような。

倉　言われてみればそうですね。

柴　ちょっと外国人が暮らしているようなマンションもあって。大阪にもこんな街があるんですね。

倉　世が世なら、青山のようなエリアになってたのかも。このあたり、まだ定型化されていない60～70年代のマンションやビルが潜んでいたりして、歩くと楽しい。

柴　そういえば、就職活動をしていたときに、このあたりの小さな法律事務所で面接の前に職場体験が必須というので行ったんですけど、大変な目にあって。

倉 柴崎さん、大阪のどこからもエピソードが出てきますね（笑）。

柴 建物の前を通って「あっ、こやった」と思い出しました。弁護士のおっちゃん1人に対して、女性職員が権力争いをしてて…（中略）、一緒に入った同じ立場の子と「これはおかしいからやめよう！」って。交通費ももらえず…。

倉 外から見るとわからないけど、一歩内側に入ると、それぞれの小宇宙が広がっている。まさに柴崎さんの小説のような世界ですね。

時代の記憶が積層したエリア、北浜。

倉 また難波橋を渡って、今度は川の南側、北浜へ。大阪証券取引所ビルは、1935年に完成した印象的な円筒形のエントランスホールと外観をのこして、2004年に建て替えられました。

柴 正面から見れば、高層ビルの部分が奥まっているので、かつての印象をそれほど損ねていませんね。この建物のことを知った時には、ウォール街のようだと思いました。

倉 確かにアメリカ流の建築ですね。「パワー」って感じ。ここは江戸時代に金相場会所が置かれていた場所。古くから渦巻く金融の力を、形態に変えています。

大阪証券取引所ビル ● 2004年竣工。列柱が並ぶ、かつての建物は長谷部鋭吉、竹腰健造の設計。建物の真正面に五代友厚像が堂々と立っている。大阪市中央区北浜1-8-16

柴 正面に立派な五代友厚《ごだいともあつ》の銅像が。コートの裾がなびくところまで表現されていますよ。

倉 イギリスのトラファルガー広場にあるネルソン提督の像とか、国を守った英雄と同じような扱いですね。五代友厚は大阪の近代化に尽力した、経済界の立役者ですから。この建物は、エントランスホールのイタリア産大理石のインテリアやアール・デコ調のステンドグラスなども丁寧に再生していて、かつての北浜の記憶をよくのこしています。

柴 証券取引所の向かいにひとつ、小さくてかわいいビルがありますよ。北浜レトロビルヂングです。

倉 これも北浜らしくて、もとは証券売買を営む企業の社屋でした。まだ英国風の建物なんですね。完成は1912年だから。1914年に始まった第一次世界大戦を経て、世界経済の主導権はシティからウォール街へ、イギリスからアメリカに移ります。日本のお手本も変わっていく。瀟洒な外観は、大戦で疲弊する以前のヨーロッパの黄金期を反映しています。

北浜レトロビルヂング ● 建物内では純英国スタイルのティーサロン「北浜レトロ」が営業。インテリアはすべてイギリスから買いつけたもの。大阪市中央区北浜1-1-26

柴　少し時代が違うだけで、建物の方向性がかなり違うんですね。
倉　今は内部がイギリス式のティーサロンで、ビルの個性をうまく活用していますね。堺筋沿いにある新井ビルは、もともとは銀行だったビルですけど、こちらも「五感」というスイーツのお店が入って大繁盛しています。五感のオーナーがビルの雰囲気に惚れこんで、建物を貸してほしいとかけあったそうです。
柴　新井ビルは全体に余分なものがなくて、シンプルですね。だけど、窓の上なんかはきっちりデザインされていて。こうして見ると、さっきの辰野金吾が関わった建物の過剰さがわかります。
倉　これは、河合浩蔵という神戸に設計事務所を構えた建築家の設計です。河合は東京帝国大学で辰野の3学年下なだけですが、モダンなデザインを割に早くから手がけています。よく見ると装飾が幾何学形の組み合わせで、当時の銀行としてはかなり斬新。
柴　新井ビルとは堺筋をはさんで斜め向かいにある三井住友銀行大阪中央支店が、これぞ銀行というオーソドックスな建物なので、違いが明らかですね。
倉　そうですね。銀行建築というのは、設計者の個性よりも、大事なものを貯蔵しているという安心感を与えることが重要だとわかるデザインです。これと比べると淀屋橋の土佐堀川沿いにある三井住友銀行大阪本店は、かなりモダン。イオニア式の柱を入り口だけに使って、あとは全部、壁面の素材感で重厚さを醸し出していました。大阪本店の10年後の建物だから、こっちの大阪中央支店の方が新しいんですけど、これぞザ・銀

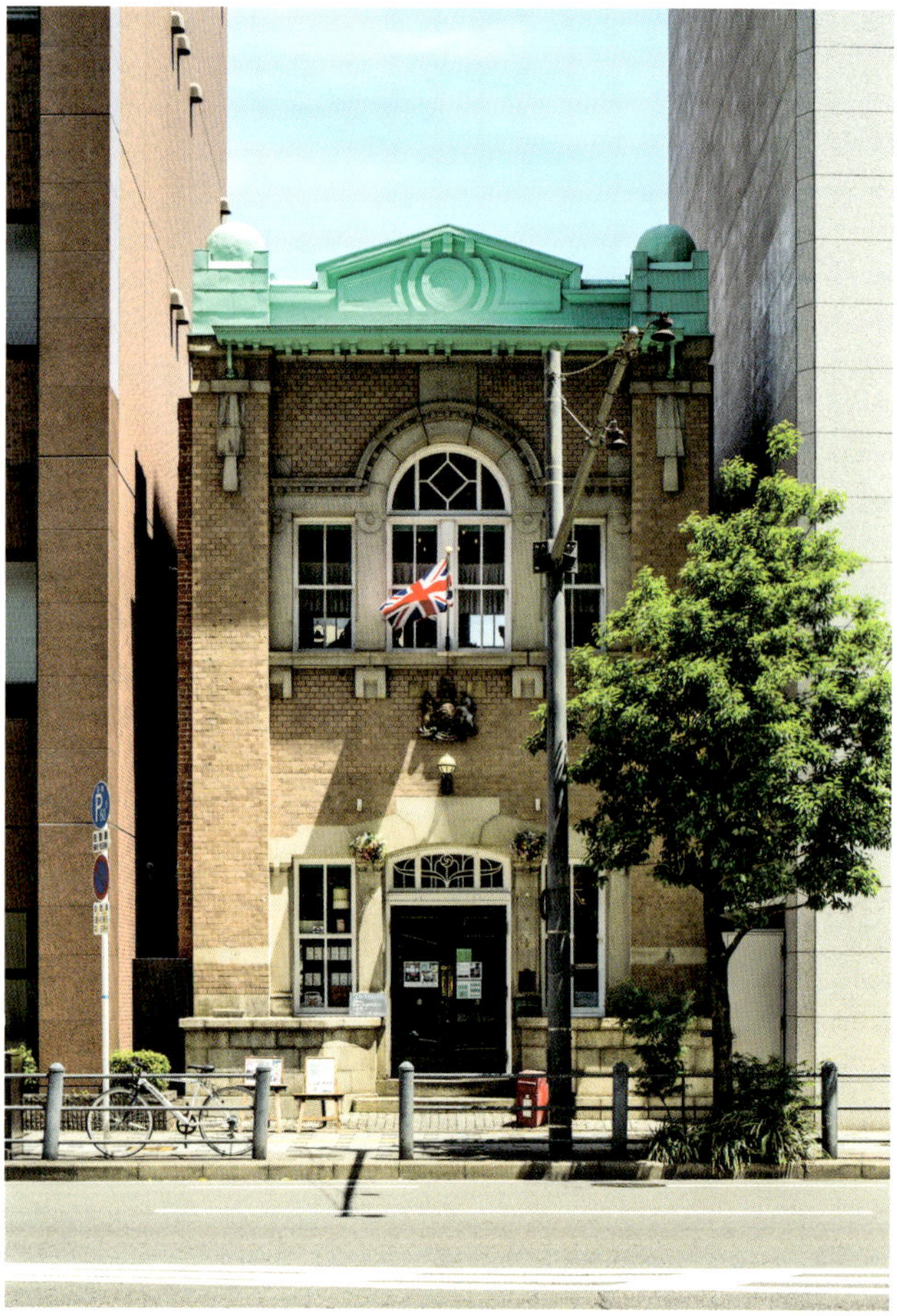
周囲が高層ビルに建て替わっていく中、建築当時の姿をのこす北浜レトロビルヂング。まるで絵本『ちいさいおうち』の世界。「北浜レトロ」の営業時間は平日11:00～21:30（土日祝～19:00）

新井ビル●1922年、報徳銀行として建築。1932年には、新井家がビルを買い取り、新井証券を営業。現在は1-2階に「五感」が入居。大阪市中央区今橋2-1-1

行という感じ。

柴　新井ビルの隣には、これまたなかなかオレ流のビルがあります。

倉　高麗橋野村ビル。大阪に事務所を開いて、個性的な建物をのこした安井武雄の設計です。大阪倶楽部や大阪ガスビル、東京だと日本橋にある野村證券本店の設計も手がけています。

柴　西洋の人が間違って作った日本のセットというか、ちょっと中国的にも見えるような要素も入ってたりして、かなりおかしい。

倉　歯車を思わせるアールデコっぽい装飾もありますし、入り口のところには三日月など、日本の建築であまり使わないモチーフが。安井はこうした取り組みを「自由様式」と命名したんですね。

柴　まったく何にも分類できない、まさにオレ流。いいですね。

倉　建築史ってどうしても東京中心なので、大阪の建築家は東京になじめなかった傍流のように書かれがちです。しかし、安井武雄にしても河合浩蔵にしても、ノビノ

高麗橋野村ビル ●1927年竣工。近代ビルが建ち並ぶ北浜界隈でも、そのオリジナリティは際立っている。細部の装飾に目をやれば、さらに心が浮き立つような楽しさが。大阪市中央区高麗橋2-1-2

ビとい い仕事をしている。

柴　大江ビルヂングのところでも話したように、本当はオレ流こそがものづくりの醍醐味ですよね。

倉　ほんと、今日巡った中之島界隈にしても、川を中心に世界の都市にあるべきものがコンパクトに揃っていました。大阪の人はすぐに変わった部分をアピールしがちなんだけど、そうではなく大阪こそが真ん中だと思えばいいんじゃないかな。

柴　自然と都市が共存する、いいエリアでした。大阪は緑が少ないので、そういう意味でも貴重です。

倉　大阪は都市の骨格がもともとしっかりあって、それがのこされてると感じます。それは、「故郷に帰るとあの山が変わらず見えるので落ち着く」みたいなことの都市版と言えるんじゃないかな。地形のように、それぞれのエリアの性格は変わらないし、それを建物が反映し、象徴している。そして建物の中で行われていることは、時代を受けて動いているってことだから。

柴　そうか。中央公会堂が大阪というふるさとの象徴なんですね。

倉　ともすれば、都市らしさって、建て替えて新しいものを生み出すことだと思いがちだけど、昔と変わらないものが日常的に感じられるから、固有の名前を持った場所にいると思えるんですね。大阪はそういう街でしょう 大

船場

時代を継承する名建築、
そして増築に愛がある。

建築散歩ルート

1 大阪ガスビルディング
2 芝川ビル
3 JST大阪ビルディング
4 少彦名神社
5 船場ビルディング
6 綿業会館

様々な時代の個性的な建物が集まった、船場。建物の向こうに垣間見える、オーナーや建築家のことを思えば、さらに楽しさが倍増です。

大阪ガスビルににじむ、戦前に夢見た文化生活。

倉 大阪を初めてきちんと歩いたのは大学時代のとき。建築を見るために訪れたんですが、この船場エリアには驚きました。戦前の建物がたくさん残っていて、犬も歩けば名建築に当たる（笑）。

柴 建築目当てに大阪を訪ねるとは、さすが。その動機、きっと珍しいですよ。私にとってはよく見知った街ですが、この御堂筋沿いの大阪ガスビルディングは、好きな建物のひとつです。

倉 カッコいいですよね。大阪ガスの本社ですが、ただのオフィスビルではない。最先端のガスを駆使した文化的な暮らしのショールームとして1933年にオープンしました。

柴 その頃だと、ガスは文明の象

徴だったはずですから。
倉　一番上のガラス張りの階は、帝国ホテルから招いた料理人が腕をふるった本格的な西洋料理を出す食堂でした。設計は、北浜にある高麗橋野村ビルと同じ安井武雄です。
柴　高麗橋野村ビルよりもかなりスマートに設計された感じがする。
倉　階の境を横に走るラインで全体を整えたところなんかは似ていますが、こちらは大海原を行く豪華客船のようなモダンさ。「明るい都市生活の未来を打ち出す」という建物の目的に合っています。
柴　だけど、やっぱりアクは強い。
倉　そうですね。特に1階部分の黒御影石は、下手したら墓と思われかねない素材をあえて使っています。それが、2階部分では一転、ガラス窓越しに白い壁をのぞかせて。素材の存在感とガラスの透明感を絡ませ、ぎりぎりのところでまとめています。時流にあわせて装飾を捨てても、安井武雄の攻めのデザインが健在。うれしくなりますね。
柴　御堂筋に面してることで、引きでビルの全体を見られることも大きいですね。
倉　大阪は、これだけ広い道路という都市の見せ場を戦前につくりだしていた。そして、それに応える建築家がいた。ちなみに、ガスビルの北半分は1966年の増築なんですよ。

大阪ガスビルディング●1933年竣工。同年開業のガスビル食堂は8階で現在も営業中。大阪市中央区平野町4-1-2

柴　へぇ、そうやったんや！
倉　安井武雄の没後、娘婿の佐野正一が設計事務所を受け継いでさらに大きくしますが、これはその佐野の設計。オリジナルのデザインを引き立てながら、でも変にまったく同じにしないでバランスをとって。とてもよく考えられていて、感動的ですね。
倉　丁寧なデザインに敬意があらわれています。

新旧の個性派ビルが次々とあらわれる。

倉　御堂筋と堺筋の間がまた役者ぞろいですよね。まずは芝川ビル。
柴　これはいろんな要素を詰めこみましたね。盛りが多い。
倉　1920年にアメリカ西海岸で流行っていた「スパニッシュ・コロニアル・リヴァイヴァル」を取り入れ、濃厚に展開させています。スペイン瓦、半円アーチに、イスラムの影響を受けたスペイン様式、それにスペイン人がアメリカ大陸に上陸する前のマヤ・アステカ文明の幾何学的な装飾を重ね合わせたスタイル。
柴　世界中の文化が大阪に流れこ

芝川ビル ● 基本設計は渋谷五郎、意匠設計は本間乙彦。1943年まで私学「芝蘭社家政学園」として使われていた。大阪市中央区伏見町3-3-3

んできた時代を感じさせます。

倉 このデザインをOKしたオーナーもすごい。戦前は花嫁学校としても使われていたそうですが、自由な発想のお嬢さんが生まれそう(笑)。

柴 いまやと、ヒョウ柄好きのおねえちゃんが「なんや、あそこ、ええらしいで」と通うような感じかな?

倉 まわりはほとんどが木造か土蔵造でしたから、いま以上に目立っていたのは確かでしょうね。

柴 建物内は、珈琲店や雑貨店といろんなお店が入室していて、どこもよくお客さんが入ってます。

倉 少し前からビルの佇まいに共鳴したテナントを積極的に入居させ、入ってきたお金で補修を行ったり、オリジナルの状態に復元したりしている。保存と活用のいいサイクルを民間で成立させていて、自然な活気がありますよね。大阪らしいセンスを感じる空間。では、移動して…。

JST大阪ビルディング ● 2013年に竣工した、日本圧着端子製造の本社ビル。大阪建築コンクールの最優秀賞となる「大阪府知事賞」を受賞した。大阪市中央区道修町3-4-7

斬新な現代建築だが、あたりの四角いビルと木造町屋の仲をとりもつかのよう。

柴 あの建物、全体が木の格子で覆われてますよ。おもしろい!

倉 さすが、目をつけましたね(笑)。あれは13年にできたばかりのJST大阪ビルディング。世界でもトップクラスのシェアを誇る電気接続部品専門メーカーの本社です。

柴 斬新な建物なんだけど、街との連続性は損なっていなくて、意外に周囲となじんでいます。

倉 ハイテクを生み出すのは人間だから、内外装には国産木材をふ

んだんに使って、人に心地よい空間になるよう工夫しています。外側は塗装していない杉で、取り替えられるように設計。交換は20年後というから、伊勢神宮の敷年遷宮みたい。若手建築家を集めたコンペを開催して、それまでこんな大きな建物を担当したことがなかった岸下真理さんらのチームに設計を任せたんですよ。

柴　パトロン気質のある会社なんですね。

倉　戦前に芝川ビルを建てさせた「やってみなはれ」精神は、現代の大阪でも消えてはいない。

柴　心強いことです。三休橋筋にある**日本基督教団浪花教会**は「街中にこんな静かで、きれいな教会が?」という印象です。

倉　ヴォーリズの設計指導で、中もシンプルだけど落ち着いた空間。北隣の「オペラ・ドメーヌ高麗橋」は、小さくてもいかにも辰野金吾の設計という存在感があります。

柴　このあたりも空襲の被害がかなりあったんですが、コンクリートやレンガ造りは、焼けのこったんでしょうね。修復した建物もあるし、戦前の貴重な建築がのこっています。

日本基督教団浪花教会●教会内部の静謐な空間もすばらしい。木曜日の正午礼拝、日曜午前には主日礼拝が行われるなど、街の貴重な信仰の場として機能している。大阪市中央区高麗橋2-6-2

大小の製薬会社が集う街。その中心には神社!?

倉　**武田道修町ビル**も見逃せません。重要文化財の京都府庁旧本館を設計した松室重光が後年に手がけた作品。

柴　ほどよい装飾に縦長窓、とてもいいバランスですね。

倉　少し奥に引っ込んだ部分は戦後の増築ですが、風格を継承しています。先ほどの大阪ガスビルディングの増築と同じく、大人の態度だと思います。本社が別に移っ

武田道修町ビル●武田薬品工業の旧本社ビル。2014年、館内に図書資料館「杏雨書屋」をオープン。収蔵図書の閲覧、資料展示を行っている。大阪市中央区道修町2-3-6

たあとも医学関連の資料館として活用されています。

柴　建物に品格もあるし、これもひとつの大阪らしさですね。オレ流だけじゃない。…ここ、道修町あたりは医薬品関連の会社が軒を連ねていますけど、その一角にある少彦名神社も見てほしい。神農さんと呼ばれる薬の神さんが祀られています。

倉　ビルのすき間が参道になって、奥にはひっそりとした空間が。

柴　毎年11月の神農祭では屋台が立ち並んで、みんな張り子の虎を買っていくんですよ。

倉　そうか。江戸時代の終わりにコレラが恐ろしい病気として大流行して「虎狼痢《コレラ》」と当て字で書かれました。虎はコレラ退治にいいと信じられて、病除けになったんですね。

柴　境内にはいろんな会社の薬が並べられて、どうやらゆるキャラも。奉納された提灯を見ると、このあたりの製薬会社の名前がずらり。大企業もあれば小さな会社も

少彦名神社 ● 参道の奥に、ささやかながら清閑な境内が広がっている。毎年11月22日、23日に行われる神農祭では、一帯に露店が出て賑わう。大阪市中央区道修町2-1-8

あります。

倉　江戸時代の城下町は町と職業が結びついていたわけですが、道修町は21世紀のいまもそんな場所であり続けていますね。グローバル企業になった大手製薬会社もその他の医薬品関連の会社も、場所を共有している。神社があって、信仰という形式が存続していることが大きいのかな。

柴　大学時代、私は美術史から地理学に専攻を鞍替えしたんですけど、大阪の街の成り立ちを講義で教わったこともひとつのキッカケでした。このあたりは向かいあって商売をするから「両側町」といって、道をはさんで両サイドが同じ町名になってるんですよね。だから道修町、平野町、淡路町…って町の1丁目から4丁目まで大阪城に近いほうを起点に東西の通り沿いに並ぶのが、地図を見ればよくわかる。「それで南北方向は、4丁目ばっかり並んでるんや！」ということが納得できて、街の見方が変わったんです。

倉　私は建築から大阪という都市に入りましたけど、柴崎さんは街が先で、それから建物に意識が向いた。お互い反対の入口から入って、いま出会っていますね（笑）。

のこされた戦前建築に時代の必然を見る。

倉　このあたりの戦前建築をもう少し見てみましょうか。外壁にからまる蔦が印象的な青山ビル、もとは旅館として使われていたこともあるという伏見ビルが隣りあって建っています。

柴　どちらもかわいらしい見た目で、エントランスホールにある集合ポストも雰囲気がありますね。

倉　伏見ビルは、階段が曲線を描いていたり、壁が曲面だったりし

青山ビル ● 写真手前の蔦にびっしりと覆われた建物。出窓や細部の装飾がロマンティック。飲食店や建築事務所などが入居している。大阪市中央区伏見町2-2-6

伏見ビル ● エントランス1階では、ビルのオーナーによる生け花がライトアップされ、道行く人を楽しませている。大阪市中央区伏見町2-2-3

生駒ビルヂング ● 1870年に創業した生駒時計店が、御堂筋の拡幅にともなって現在地へ移転した際に建てられた。昔も今も界隈のランドマーク。大阪市中央区平野町2-2-12

生駒ビルヂングは、ワシの石像、スクラッチタイルとテラコッタ、不可思議な装飾板などの細部も見もの

て独特。外から見た印象と、中の印象がまた違っています。

柴　思ったよりも共有スペースがゆったりしていて、落ち着きます。私、ここの管理人になりたい…。

倉　**生駒ビルヂング**は1930年の建築、生駒時計店の自社ビルでした。

柴　高級感もあるけど、ちょっとアステカ文明を思わせる装飾があって、アクの強さもあり。

倉　まだ一部の人しか時計を持ってなかった時代、屋上の時計塔に輸入式の振り子時計を導入し、鐘を鳴らすことで街中に時刻を知らせていました。それで、いつかはここで時計を買いたいと思わせる（笑）。

柴　駒の形に「生」と書いて、生駒…さすが、商標マークも工夫してますね。

倉　生駒ビルもいまは館内を小割りにして、コンシェルジュ付きのレンタルオフィスとして運営しています。時代の変化の中できちんとお金がまわる最新のスキームを考えて、変わらない建築をのこしている。民間の知恵と努力が、街に資産を提供している好例ですね。

柴　**小川香料ビル**も独特なデザインで、見れば見るほど発見がある建物です。このあたりはまたオレ流建築ですね。

倉　芝川ビルと同じ設計者が関わっているんですよ。芝川ビルと、安井武雄による高麗橋野村ビルが1927年、ここが1930年で、大阪ガスビルが1933年。4つの建物を見ていると、この時期にモダンデザインが建築界全体に浸透したことがよくわかります。

柴　だけど、小川香料ビルは、それでもオレ流の個性をちゃんと保っている。だって、窓の上に庇があって、その上にまた細長い窓がありますよ。

小川香料ビル ● 窓の曲線と独特な庇もあって、外観からは各階の境がわかりにくい独特建築。現在、小川香料の本社は東京となり、こちらは大阪支店。大阪市中央区平野町2-5-5

倉　どこが階の区切りなんでしょう。柱のラインも微妙にずれていて、ひと筋縄では行きませんね（笑）。さて、あれが船場ビルディング。1925年の完成で、外観は意外にシンプルなんですが…。

柴　わー！　中に入ると、外からは想像できない開放感があります。細長い中庭をとりまくように部屋があるんですね。

倉　戦前の建物って、当時は照明が弱く、エアコンがないので、窓からあまり離れた空間をつくるわけにいきません。だから、ここでは中庭を設けて、部屋の両側から光と空気が入る構成になっている。

柴　最近の建物にはまず見られない、とても贅沢なつくりです。

倉　照明や換気といった機械設備が充実したことで、オフィスビルの効率は上がったけれど、こういう空間の親しみは失われたのかも。屋上は、手づくり感のある庭に神社があって、またなごみます。

柴　ゆるくていい！　単におしゃれというのとは違いますね。

倉　現在、船場ビルディングにはデザイン事務所など小さな会社がたくさん入っています。常に満室で人気なのは、建物全体がひとつの街のようなつながりと個性を持っているからでしょうね。

柴　外から見たのと、また違った世界が内部で広がっているところが魅力的です。

倉　スモールワールド、小宇宙がたくさん集まって、都市は成り立っている…これって、柴崎さんの小説を思わせるような世界じゃないですか。

柴　私の小説は、大阪の街にとても影響を受けていると思うんです。大阪に暮らしていると、まったく違う世界や人の暮らしが隣りあって共存していることを日々、感じさせられますから。

倉　違った原理で動いている小宇

船場ビルディング ● 吹き抜けになったパティオ風中庭を上階から望む。左頁は中庭の1階部分。まるでひとつの街である。大阪市中央区淡路町2-5-8

宙が接していて、ふと、その間を行き来する瞬間から日常に新たな展開が生まれる。すべて一様ではないけれど、無関係でもない。そんな世界の把握の仕方を、私も大阪に来てから学んだような気がします。

大阪随一の戦前建築にもみごとな増築があり。

倉　綿業会館は重要文化財に指定されている、大阪を代表する戦前建築。渡辺節という関西建築界の立役者による設計で、その頃、渡辺の下では、のちに大建築家となる村野藤吾が働いてました。村野は綿業会館の設計をチーフとしてまとめ上げ、独立するんです。

柴　威厳を感じさせるけど、細部は繊細という、格式を感じる建物ですね。

倉　大阪が日本一の紡績都市で「東洋のマンチェスター」と呼ばれていた時代、名士達がここに集っていた。限定された人たちの会館ですから、外観は質実剛健。内部は飽きのこない楽しさに満ちている。建物の輪郭はほとんど箱形で合理的にできているのに、壁面部分のわずかな凹凸で深みを出していたり、デザインがとてもうまいですよね。

柴　クライアントを納得させつつ、個性も出して。これはお金のとれるデザインですね。

倉　幕末に西洋文明が入ってくるまで、日本では大工が建築の設計と施工とを一緒に引き受けていました。ですから、明治以降も建築家に設計料を支払うという考えがなかなか根づかない。どうやってお金を払ってもらうか。それも、大阪の実業家が相手ですから…。

柴　たしかに。

倉　渡辺節は、立派なデザインはもちろん、工期を短縮させる最新の手法をアメリカに学んだり、便利な機械設備をいち早く取り入れたりして、建築家に頼むと結局これくらい得なんだということを納得させて、仕事を増やしていきま

綿業会館●日本が綿製品の輸出世界一となった時代、日本綿業倶楽部の会員制会館として開館。シンプルで風格たっぷりな外観に対して、内装は部屋ごとにスタイルを違えながら、それぞれに豪華で装飾的。館内見学は毎月第４土曜日に有料で実施されている。大阪市中央区備後町2-5-8

した。

柴 きっと建物ができた後も、「ええ買い物した」って思ったことでしょう。扉の装飾やロビーのシャンデリア、館内の空間は豪華ですもんね。

倉 ちゃんと施主を喜ばせる勘所をおさえて。そんな渡辺の下で学んだことが、のちの村野の商業建築にもつながっている。オレ流だけで仕事は持続できませんから。ちなみに、東側に続く綿業会館の新館は戦後の増築、渡辺節の事務所によるものです。

柴 増築って地味な仕事だから難しいと思いますが、今日見たところはどこも元の建物に敬意を払い、よりよく生かしていましたね。

倉 元のスタイルを生かした増築や更新の好例がいろいろ見つかりましたね。企業や街にあるべき持続性を実感しました。特に船場は、継承することの誇りを静かに謳い上げています。大阪のようなでしゃばらない継承って、東京だとなかなか難しい。

柴 銀座の歌舞伎座みたいに、一部だけをのこして建て替えてしまう形式が多いですよね。大阪でも近頃はいくつかありますが。

倉 腰が座っているところに大阪の良さがある。地味だからいい。

柴 ちゃんとそこに愛がある。増築ってすごい！

倉 オリジナルだけに目がいきやすいので、柴崎さんに増築を褒めてもらえるとうれしいです。建築はともすれば、建築家やオーナーといった個人の意図の反映と思われがち。でも建物は場所に固定されて人目にさらされ続けるものなので、それを通じて、土地や時代の集団の無意識がにじみ出てくるもの。ある場所が保ち続ける観念がわかるところにも、建築のおもしろさがあります。

柴 今日は、狭いエリアに個性の強い建物が集まっていました。しかも、前回の中之島〜北浜や心斎橋へも歩いて行ける距離感で、時代性やそれぞれの街の文化もよくわかります。

倉 受け継がれたエリアごとの個性が接しあっている。大阪らしいスモールワールドの連なりですね。**大**

梅田

新旧の開発が折り重なった街で、
スペクタクルな空間体験。

建築散歩ルート

1 梅田吸気塔
2 大阪富国生命ビル
3 JR大阪駅 大阪ステーションシティ
4 グランフロント大阪
5 梅田スカイビル
6 阪急中津駅

商業建築が集まる大阪の玄関口で、見るべき建物なんてあるのかな。半信半疑で歩きはじめると、どこよりもドラマティックな体験となりました。

時空を超えて日仏建築家が競演!?

倉　大阪駅前の歩道橋から見ると、目立ってますね、梅田吸気塔。いま一部では有名な存在ですが、柴崎さんはいつ頃から気づいていましたか?

柴　気にはなっていましたが、オブジェ的な構造物だとばかり。いつ吸気塔だと知ったのかな…。手塚治虫の漫画『ブラックジャック』で、足の不自由な子が広島から大阪まで歩いてくる話があるんですけど、最後に大阪でゴールする場面の背景がこの吸気塔だったのは覚えています。大阪城でも、通天閣でもなく。さすが手塚治虫だと思いました。

倉　阪急沿線で育った手塚治虫にとっての大阪の玄関口、梅田に建ったシンボルなんですね。

手びねりしたような5本の塔からなる梅田吸気塔。表面の仕上げに職人技が光る。左は梅田阪急ビルのスカイロビーから見下ろした景色。

柴　デザインは、大阪万博を思わせるようで未来的。

倉　そう。完成は東京オリンピックの前年の1963年。いわば万博でクライマックスを迎える「未来」のはしりと言えます。

柴　そんなに古いんですね。だとしたら、かなり斬新。

倉　梅田地下街の第1期開業にあわせて姿を見せました。当時は、大規模な地下街が都市の最先端。名古屋だと名駅地下街の拡張工事、東京では新宿や八重洲と、競いあうように作られて。

柴　大学の写真部時代に、この歩道橋の上から、1日中写真を撮っていたことがあるんです。大きな車道が複雑に交差して、車の流れがおもしろいというのもありますが、歩道橋からだと歩行者の姿がほとんど見えないのに、その地面の下にはひしめくような数の人が歩いている。そこもおもしろくて。

倉　それがまさに建設当時の新しさ！　名古屋や東京では、地下街の完成後も地上を歩行者が横断できたんだけど、ここでは地下街の完成によって横断歩道を全廃した。当時の新聞に「あふれる車の波は自由に、停滞なく地上をすべっていくことだろう」と美しく報じられています。車社会が理想だったんですね。

柴　地下では大勢が行き交っているのに、地上には車という機械的なものしか通っていない。SF的な世界ですね。

倉　言われてみると、地下を歩く人々の呼吸器官にも見えてきますね。吸気塔の大きさは、地下にい

る人の多さを象徴している。でも、地上は機械の世界だから、それにあわせてサイボーグのような外観になって。地下の人間はそれが命を支えているとは思っていないし、地上の機械たちにはこれが何かわからない。しかしある日、その存在に気づいた人物が現れて……目の前の光景がだんだんSFに思えてきました（笑）。

柴　地上で立ち止まって吸気塔を眺めている人をほとんど見かけたことがない（笑）。それにしても、直線的ではなく、有機的な形をしているのも独特です。

倉　地下街から生える木のよう。機能的にするなら単純な筒状でよいはずで、実際、他の吸気塔はだいたいそうです。設計者は建築家の村野藤吾。有機的なデザインと無機的な素材感をシャッフルして、職人の手技で建設させる手法は、まさに村野流。異色の建築家を都市的なデザインに起用するというクリエイティブなことを、大阪では半世紀も前に行っていたんです。

柴　吸気塔の向こうにかなり新しいビルが見えます。

倉　2010年に完成した大阪富国生命ビルですね。設計はフランスの世界的建築家、ドミニク・ペロー。彼は最初に、大きな樹を都市に据えるというイメージを持って設計したそうです。

柴　じゃあ、吸気塔とも呼応しあってるんや！

倉　直接に意識はしていなかったでしょうけどね。複雑に絡みあう地下街から超高層ビルが連続するという条件がヨーロッパの人間にとってなじみがなかったので、インパクトを受けて、そこから構想がはじまったとのこと。

柴　時空を超えて、建築家の想像力がつながっている。

倉　街のそれぞれのエリアには同じ土壌のようなものがあって、それに真剣に向き合ったから似たようなものが生まれた。その意味で、吸気塔も大阪富国生命ビルも梅田らしい、大阪らしい建築と言えそうです。あまりそうは思われていないけど……。

柴　大阪富国生命ビルはビルの中と外が連続しているみたい。デザインが巧みだし、最新の建築技術が使われている印象がします。

倉　確かに21世紀ならでは。こんな精緻な部材の組みあわせは、梅田吸気塔の頃にはできませんでした。下のほうではガラス面を細かく変化させて、道を歩く人の寸法感覚にあわせて。上の階では遠目からの一体感が増すようになっている。シンプルで都市的な解答がペローの持ち味。パリの国立図書館やソウルの梨花女子大学校といった他の作品にも共通します。

柴　大阪富国生命ビルの右隣には、曽根崎警察署があります。「それざきけいさつ」とひらがな表記で、妙にかわいいんです。大阪の警察署は、だいたいひらがな表記なんですけど。

倉　あ、そうかも。

柴　ちなみに、曽根崎警察署も地

大阪富国生命ビル●外装のガラス材によるカーテンウォールが独特な景観を生む。地下から吹き抜けのアトリウム空間（左ページ）は憩いの場になっている。大阪市北区小松原町2-4

下街とつながっています。

倉　警察もオフィスも駅もデパートも地下で接続している。やっぱりここは未来都市ですね。

柴　では、地下街を通り抜けて、大阪富国生命ビルの中まで行ってみましょう。

実は、とても合理的⁉ カオスには理由がある。

倉　未来の都市（地下街）は…カオス（笑）。照明、天井、掲示物と、とにかくデザインが混在して。

柴　いろいろやりすぎて飽和状態、情報があふれてますね。大阪の地下街には水が流れていることが多くて、よく考えるとあれも不思議ですね。「泉の広場」という場所も梅田の地下街にあります。

倉　1969年に開業した「阪急三番街」がはしりです。地下2階まで人を呼びこもうと、人工の川沿いにレストランを設けて、イルミネーションで飾りました。キャッチフレーズは「川の流れる地下街」。

柴　「水都」だとか、昔あった掘割の町というイメージだったりするんでしょうね。もうすぐ、大阪富国生命ビルに到着ですよ。地下から地上に吹き抜けて、周囲の地下街とは違った空間になっています。

倉　低い天井から一気に解放され、緑をプリントしたガラス板に、地上の日光が反射して。「都市の森」というコンセプトですが、構成や素材はあえてシンプルにしているのが巧い。森って、川と同じくらいベタなテーマなので、ひとつ間違えるとフェイクになりかねない。ここでは無垢材のフローリング、アルミエキスパンドメタルの天井、ガラスや日光と、率直な素材使いで共通させながら、それぞれの素材に対する既成概念を解き放ち、原初の森にしています。

柴　見れば見るほど、いろんな工夫が発見できます。そしてなにより、空間がとても居心地がいい。

倉　都市の中にいることを、気持ちよく実感できます。1階は外部と内部がフラットにつながっていて、すぐそこに交差点で待つ人が見えたり。クールなガラス越しに眺めると、日常もまた新鮮に。

柴　最近、大阪にできる建築ってちょっとイケてないのかなと思ってましたけど、これはなかなか！

倉　新しい梅田阪急ビルの展望フロア「スカイロビー」も気持ちいいですよ。上ってみましょうか。

柴　見たことないくらい大きなエレベータに乗って、ノンストップで展望階へ。長くカーブした木のベンチだけが置かれています。

倉　オブジェみたいですけど、実

梅田阪急ビル● 15階スカイロビーに置かれたベンチ「tomarigi」は、流れるような曲線で高さも連続的に変化。一般に開放されたぜいたくな空間。大阪市北区角田町8-1

際、床に接合されていなくて、細い脚で自立しています。デザインは建築家の福屋粧子さん。構造エンジニアの満田衛資さんが構造計算を担当しました。いわば小さな建築です。

柴　ベンチに座ると、周りの景色がパノラマのように見えていいですね。

倉　高さも向きも次第に変化していて、「tomarigi」という名前の通り、どこにでも座れる。形が変わっているだけじゃなくて、行為と一緒におもしろさが生まれるのが建築的だなあ。

柴　このフロアからだと、JR大阪駅がダイナミックに見え駅を覆う大屋根のカーブがよくわかる。

柴　大阪駅は新しくなって、ホームの上に駅の北側と南側をつなぐ自由通路を通したんですね。東京の駅ってつながってないところが多くて、たとえば新宿も、池袋も線路の向こうへ行くにはすごく遠回り。視覚的には向こうが見えてるのに、そのとおりに行けないっていうことに大阪の人は耐えられないんだと思う。

倉　見えている方向になぜ行けないんだ、と。近代の都市計画って、たとえば交通がスムーズになるように、高速道路で左へ曲がるのに右車線から出るような設計をしたりするんだけど、いくら看板を立てても間違える人が出たりして、合理的なはずがそうでもなかったりする。しかし、大阪は……。

柴　身体感覚どおり、見たままに行きたいっていう本能的な感覚なのかな。

倉　上から決めた合理性というより、接したもの同士の合理性というか。東京と大阪の人間関係にもあてはまる違いかもしれません。一見、カオスに見えるものだって、目的の場所にすぐ行きたいといういろんな人の合理が折り重なった結果かも。

柴　梅田の地下街というのがまさにその状況ですね。

倉　デザインって、俯瞰が有効なスケールと、身体感覚が効果的な時とがあるので、難しいですよね。

誰も褒めないのはなぜ？ 新しい大阪駅の魅力。

柴　JR大阪駅の屋上にあたる「時空の広場」へやって来ました。

倉　駅一帯が再開発されて2011年に大阪ステーションシティとしてオープン。この広場は南北の自由通路になっています。

柴　1番線から11番線まで、すべてのホームが上からの視点で眺められるって、すごいスケール感ですね。柱がまったくないのも気持ちいい！

大阪ステーションシティ●JR大阪駅と駅を挟むノースゲートビルとサウスゲートビルからなる。館内随所で運行する電車、駅構内の様子を見ることができる。大阪市北区梅田3-1

倉　大屋根を両脇で持たせているから、体感としてはふわっと覆われてるみたい。

柴　この広場で5階か……フラットな広さがあるので、地上階かと錯覚します。しかも、ここからずっと上の階までエスカレーターが順番に続いてるのが一望できます。

倉　どこに何の店があるかも一目瞭然、見ている方向に行ける……大阪的な設計だ（笑）。

柴　大阪ステーションシティでは、いろんな角度から駅のホーム、電車が見えますが、とりわけ私がいいと思ったのは、アトリウム広場（ノースゲートビルディング2階中央）からの眺めですね。同じ目線の高さにホームで電車を待つ人の姿が見えるんですよ。

倉　斬新ですね。ここから見えている11番線ホームは北側のビルの中に新設されたものですが、わざとアトリウム広場との間をガラス1枚にしている。

柴　しかも、目線を下ろせば、さらに駅の1階を行き交う大勢の人が見えて、蟻の巣を断面から観察しているような気持ちになってきます。

倉　ほんと。駅っていろんな人がいますよね。毎日の通勤の人も、たまの帰省の人も、ふらっと遊びにきた人も。コンコースの内と外もS字のガラス面でしか区切られていなかったりして、これまで別々だった人間の行動を同時に見せたいというデザイナーの意図が明瞭に感じられます。

柴　ここだったら、私は1日中でも眺めていられる。

倉　この建物は、いわゆる有名建築家の作品ではなくて、複数の組織設計事務所による共同設計。建築界でも一般でもほとんど話題に上らないけど、傑作だと思います。

柴　駅を隠すことなく、むしろ駅が見えることのおもしろさを最大限活用していますよね。

倉　そう、「駅」ならではの性質を、ここまで生かした建築は他に見当たらない。駅に隣接するビルの設計で終わらせるのでなく、これだけの列車が行き交うホームの空間を積極的に取りこもうと、通過型の駅であることをうまく利用しています。それに対してヨーロッパやアメリカだと、大都市の駅は列車が一方向から発着するターミナル（終着駅）が多い。加えて、日本の駅は長距離旅行の時だけ立ち寄るところではない。日常に密着しているから、この雰囲気が出るんですね。それに拍車をかけたのが、1920年代に大阪の私鉄から始まったターミナルデパートという発明品。つまり「ステーション」とは違う、日本的な「駅」の特徴から新たな体験が生まれているわけです。「大阪エキシティ」と呼ぶほうがふさわしいかも。

柴　駅と駅ビルの設計なんて、きっといろんな思惑や事情があったはずですけど、よくぞがんばった！

倉　誰かわからないけど、偉い（笑）。関係者が多いプロジェクトなので、安易に流されないのは大変なことだと思いますよ。

柴　建物そのものはシンプルなつくりだから、より一層、建物を使っている人の動きがよく見える。ここは都市の劇場ですね。

倉　単純なドラマではない、深みのある劇場性。いろんな人がそれぞれの人生の価値観を持っていて、それがたまたま同じ場所で交差するおもしろさが、絵になっている。

柴　実は、それこそが私が小説で書きたいこと。私の小説は何も起こらないってよく言われますけど、ただこういう場所で風景を眺めていても特に事件が起こるわけじゃない。けど、いろんな人がいろんな理由で行き交ってることのおもしろさがある。中学時代に学校をさぼって、街の歩行者を延々と眺めていた自分の原体験も思い出しました。

倉　柴崎さんの小説と同じことを建築というメディアで実現するとこうなるのか。ただし、同時性そのものは小説では描けない。

柴　文章は前から順番に書いていくしかないですから。建築ってつくづく4次元だなと思います。こうして立っていると時間の経過も経験できるし、空間の体験もあるじゃないですか。

倉　小説ほど鮮明でないけれど、建築も何かの表現だと思ってもらえるとうれしい。いやあ、見応えありました。

グランフロント大阪●うめきた地区のうち、先行開発された7haの敷地に2013年開業。写真は北館、ナレッジプラザを中心に広がる「ナレッジキャピタル」。大阪市北区大深町3-1

スカイビルにこめられた建築家の圧倒的な構想。

柴　大阪ステーションシティとも連絡しているグランフロント大阪の北館に来ました。2013年4月の開業時に一度来たことがありますが、すごい人出で。

倉　意外と最先端という感じがなくて、いいですね。それでいて、細部まで気を遣って設計されています。

柴　そう。垢抜けないとも言えますけど、緑を採り入れたり、いろんなところに通じる道があったりして、きっとこのビルで働くと楽しいだろうな。

倉　人間的なスケールの空間に、外壁は素材感を生かして。船場あたりのビルを思い起こします。吹き抜けの大空間も、これから使いこなす余地がありそう。

柴　いまなら西側の窓から梅田スカイビルの全体像がよく見える。スカイビル鑑賞スポットとしてもオススメです。

倉　駅前とは思えない地肌の更地が広がっていて、その向こうに梅田スカイビル。いまだけの眺めですね。この整備中の「うめきた」第2期の面積は、第1期のグランフロント大阪の約2・5倍。ここに何ができるかで、大阪のイメー

WESTIN
WESTIN

ジが大きく左右されるでしょうね。

柴　梅田スカイビルは、最近外国人観光客にすごい人気です。

倉　こんなシルエットをした超高層ビルは、世界でこれだけですから。原広司さんの設計で1993年に完成しました。2棟の上に空中庭園がありますが、1988年の原さんのファーストスケッチでは4棟の超高層ビルが連結されていたんですよ。現実的に考えて3棟となり、実際途中まで設計が進んだのですが、事業者の方針が変わって2棟をつなげた現在の門型に落ち着きました。

柴　実現していたら、ますます画期的だった！

倉　途中で案が変わりましたが、地上170mに空中都市をという決意はいまでも感じとれます。頂部で連結したことで耐震面で有利にもなりましたが、工費は上がるし、技術的な挑戦となった。もう5年遅かったら、普通の超高層ビルができていたかもしれません。バブル景気の時代がのこしてくれた数少ない遺産です。では、いざ梅田スカイビルへ！

柴　…39階まではお金を払わずに登れましたね。ここで、展望料金を払って「空中庭園」まで上がるかどうか判断してくださいと。これが東京だったら…。

倉　東京タワーだと、下で展望料金を払って、登るとまた特別展望台の料金をとられて。

柴「最初から言ってください！」って（笑）。

倉　近くからスカイビルを眺めるとわかりますが、外壁の仕上げ材がまちまちで、窓の形が異なっている。果ては手すりの色を微妙に塗り分けていたりと、細やかにデザインされています。

柴　途中で色がハゲてるのかなと思ってましたけど、そこも意図的だとは。

倉　原広司という建築家の敵は「均質空間」。標本箱のように虫ピンで留められて、関係性が固定化されてしまうような世界が大嫌いなんですよ。だから細部それぞれが同じようで違い、違うようで同じ。光の当たりかたでビルの見えかたも異なる。

柴　空中庭園から周りを眺めると、雲の上に浮かぶような浮遊感がありますね。

倉　原さんが描いたファーストスケッチは、壁面に空が反射してビルの存在が消え、空中庭園が雲と一体化するように浮いているというもの。紆余曲折があったのに、できあがった雰囲気は一貫してい

梅田スカイビル● 世界に冠たる連結超高層ビル。遠くからでもその姿を見られるが、細部のこだわりもすごい。空中庭園展望台のうち、40階の展望フロアと屋上は有料。大阪市北区大淀中1-1

るのが驚きです。

柴　まったくのファンタジーだった個人の想像力が、実際に超高層ビルとして実現したんですね。

倉　建築家はこんな風に想像力で未来を捉えるんです。それを現実化したゼネコンや構造エンジニアもすごい。さて、展望フロアでは外の景色だけではなく、「世界の塔と地球外建築」という展示もぜひ見てほしい。

柴　うわっ、ギザのピラミッドから、サグラダ・ファミリア、エンパイアステートビルなど、世界の名だたる建築を紹介した先に梅田スカイビルが。アポロ計画までがその流れに位置づけられていますよ（笑）。

倉　人類の塔の発展史からすれば、梅田スカイビルの登場は必然。しかし、それもほんの一里塚なんだ、というように、その先には「地球外建築」が規定事実のごとく並んでいる。

柴　宇宙空間に建設される予定の都市「レオリング」も、すでにデザイン済み…って言ってみてもよくわかりませんが（笑）。古代から未来の宇宙都市まで視野に入れるなんて、原さんの想像力がここ

までとは思いませんでした。

倉　これぞ建築家！ 現時点で役に立つだけでなく、過去に新たな補助線を引き、未来を垣間見せるのが最高の建築ではないか。設計思想が堂々と語られて、知るとデザインも違って見えます。

柴　スカイビルのあちこちで見られる幾何学的なデザインは、宇宙都市「レオリング」から引用されていたことがわかりました。すべてがつながっている！ ようやく時代が原さんの想像力に追いついてきたような。いや、まだまだか…。

倉　巨大な建築だからできることってありますよね。どこからでも見えて、思想を象徴するだとか。小さなビルを建てるのと同じ発想で、超高層ビルをつくるとおかしなことになる。

柴　いまある多くの50階建ては、10階建てのビルを5コ上に積んだだけに思えます。

倉　都市のシルエットを変えてしまう建物が狭い了見ではいけないんだと、梅田スカイビルに思い知らされます。これより高い超高層ビルはいくらでもあるけど、思想的スケールはいまだ世界のトップクラス。

柴　原さんの構想を知ってからは170mどころじゃない、1000mくらいの高さを感じますよ(笑)。

極端なスケールの起伏に梅田の歴史を追体験。

倉　興奮冷めやらないまま、梅田スカイビルから中津のほうへ。たった5分歩くだけで郊外のような雰囲気。

柴　もう淀川も間近ですね。

倉　中津高架橋の下には、巨大な高架下空間が広がっていて、店や工場などが入っています。

柴　これまたSFの世界ですね。

天空を意識した高層ビルとアンダーグラウンドな高架下建築と。電車や車で通りすぎるだけだと、高架下にこれだけの世界が広がっていること、知らない人もいるでしょうね。

倉　阪急中津駅も高架下が入口になっていますが、駅と商店が一体化していて、これもなかなか……。

柴　これはいいですね。スキマが空いてるからまだ使えるとか、そういう人間の工夫が見えるところって、私、大好きなんですよ。

倉　固定観念をちょっとずらされるところがありますね。こんな使いかたもあったんだって。今日歩いてきた梅田の感想をひと言で言えば、「みる」というより「あるく」だったかな。形以上に、通過した

1932年に建設された中津高架橋。その高架下は倉庫や店舗などが占用しているが、耐震工事にともない立ち退きが迫られている。

空間体験が印象に残りました。

柴　大阪といえばキタよりもミナミが濃いと言われがちなんですけど、まさか梅田でこんなに濃い空間体験ができるとは。

倉　身体がおしつぶされるような空間に入ったり、思わず上を見上げたり。アトラクションに乗ったかのように多様でした（笑）。

柴　もとは町はずれだったからターミナルとして開発されて、ターミナルだから人が集まって闇市ができて、という歴史もあらわれていました。

倉　再開発が積層したエリアなんですね。平成のいまは、大阪駅北側の再開発が注目されていますけど、昭和の時代は、駅の南側こそが最先端。構想は1920年に始まって、1933年には日本初の

都市計画のコンペが行われたりもした。現実に動き出したのは戦後。**大阪駅前第1ビル**の着工が1965年、最後の大阪駅前第4ビルが完成したのが1983年というビッグプロジェクトでした。ここには立体的な街をいかにつくり出すかという当時の工夫が垣間見えます。

柴　そうですよね。大阪駅前ビルの地下には「マヅラ」（→特別付録）をはじめ、たくさんのお店があって、ビルの駐車場への入口なんかも未来的なデザインで。

倉　いろんな時代の「未来」が地層のように重なって、探検しがいのあるエリアでした。大

大阪駅前第1ビル●駐車場へのスロープ越しに第1ビルを望む。左にちらと写るのが第2ビル。大阪駅前ビルは第1から第4までが建ち並ぶが、それぞれ異なる表情にも注目。大阪市北区梅田1-3-1

大正

川と海に囲まれた湾岸エリア。
まるでひとつの国のよう。

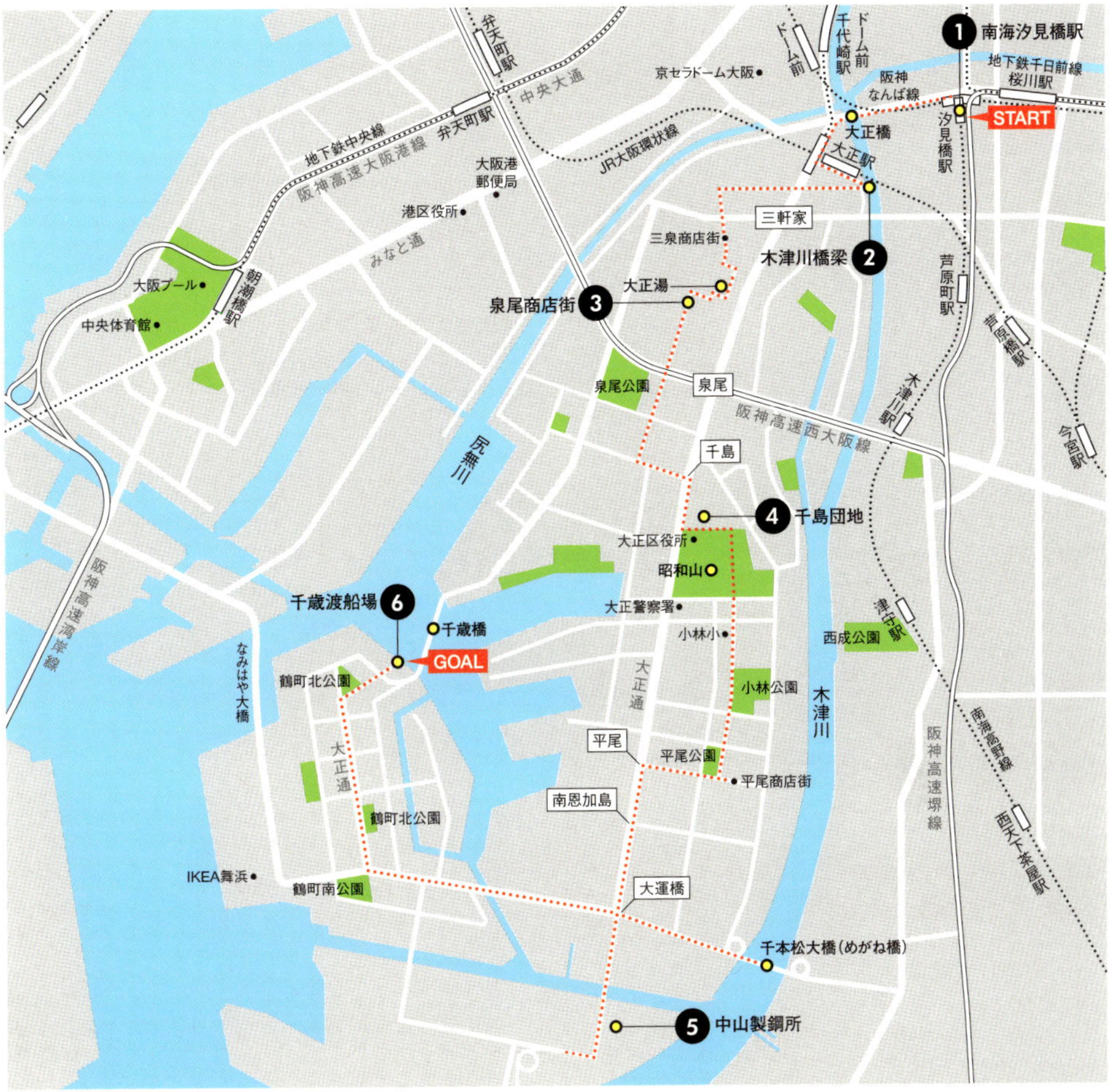

建築散歩ルート

1 南海電鉄 汐見橋駅
2 木津川橋梁（木津川の環状線鉄橋）
3 泉尾商店街
4 千島団地
5 中山製鋼所
6 千歳渡船場

大正は柴崎さんの生まれ育った街。どこを歩いても柴崎さんの思い出が詰まっていて、建物＋αのいろんな話が飛び出しました。

橋に物語あり、歴史あり。大正の入口はいろんな橋。

柴 今回は、南海電鉄の汐見橋駅からはじめて、私の生まれ育った大正区へと向かいます。汐見橋駅は、南海高野線の起点駅で、外観はきれいに改装されましたが、一歩中に入れば、どこか田舎の駅に来たようななつかしさ。2両編成の電車が、1時間に2本。

倉 難波から徒歩圏内とは思えない雰囲気ですね。それにしても、大阪は環状線の内側にまで私鉄が入りこんでいるからおもしろい。東京だと山手線の内側は地下鉄ばかりで、私鉄は山手線のところで止められてますから。

柴 中心部は都の管理だって感じですね。汐見橋駅の壁に、昔から貼ってあるらしい沿線観光案内図を見ると、高野山、和歌山港まで

南海電鉄汐見橋駅●1900年開業、当初の駅名は「道頓堀駅」。改札口にある「沿線観光案内図」も見もの。大阪市浪速区桜川3-8-74

線路が続いているのがわかります。

倉　線がぐーっと延びて、山も貫通して、クライマックスは高野山。どこかとどこかを結ぼうとして敷かれたという、鉄道の原初的なワクワク感を思い起こさせてくれます。最小だけど、ここはやっぱりターミナルなんだ。

柴　いまは駅を降りても、ターミナルらしい賑わいがあるわけではありませんけど、数年前に、汐見橋駅に隣接して阪神電鉄の新しい駅ができました。

倉　古レールで支えられたホームの屋根、広告入りの木のベンチ…、戦後すぐの駅ってこうだったんだよという生きた博物館。こんな街中にあるのが驚き。

柴　駅の前を走っている千日前通を通って、よく家から難波まで自転車で遊びに行ってました。大正から出るには橋を渡る必要があるので、どうしてもルートが限られるんです。

倉　JR大正駅のあたりまで行くと、もう海がはじまっているように感じられますね。水路が縦横に流れていて、水運関係の会社も目につきます。

柴　千日前通から大正駅方面へ向かいましょう。大正橋を越えると、大正区です。この橋のたもとには、「大地震両川口津波記」という石碑が立っていますけど、代々、その石碑を守られてる方がいて、碑文を読みやすくするよう、定期的に墨を入れられているそうです。

倉　それで文字が黒々としているのか。

柴　安政元年なので、160年ほど前の地震ですが、川に係留していた船に逃げたところに津波がきて、水に飲まれた人が多かったので、地震では川から離れなさいということが書かれています。

倉　大正橋は、70年代はじめに架け替えられたので現在2代目。

柴　初代の橋は、大正時代に架けられたから大正橋で、大正橋があるから大正区という名前になりました。ちなみに、区内には昭和山も。あとで行きましょう。

倉　そうなんですね。大正橋から環状線の鉄橋、木津川橋梁が見え

1854年に発生した安政南海地震の石碑「大地震両川口津波記」は、大正橋の東詰北側にある。橋の高欄には、第九の楽譜がデザインされている。

大正駅の東側にある木津川橋梁。駅の西側にある岩崎運河橋梁も同じ形状で、大阪環状線が走り抜ける様子を間近に見ることができる。

ます。橋ってどこかに曲線があるものですけど、直線だけで構成された、無骨なかっこよさ!

柴　鉄道マニアの間では有名らしくて、鉄橋が載っているサイトを見ていて、これ近所の橋や!と気づきました。それにしても、橋の背が高いですね。

倉　土木構造物というよりも、建設途中で放棄された骨組みみたい。

柴　近くで見ると、変わった形だという印象が増します。やっぱり橋の上半分、いらないような…。

倉　箱形にして安定させているだけの理由ですね。自立した構造だから、床さえ貼ってしまえば、建物に変わりそう。

柴　たくさんのネジも目につく。

倉　部材どうしをリベットでつないでますね。細やかなトラス構造の梁が見えてきたりして、戦前の鉄橋は遠目にも近目にも見応えがあります。

柴　さらに下流には大浪橋が見えています。いろんな構造の橋が見

られるのも大正のいいところ!

柴崎さんの昔なじみ、下町モダン建築。

柴　大正駅の南西に広がる三軒家西は、戦災で焼けなかったので、古い建物がのこっています。

倉　このあたりの路地から向こうに大阪ドームが見える景色は、かなり不思議ですね。

柴　大阪ドームだけでも変な形なのに、より強調されて…。

倉　路地とのコントラストで、現実の風景なのに合成写真みたい。

柴　三軒家の街からは、三泉商店街、泉尾商店街と商店街が南へずっと続いています。

倉　商店街の両側に線状に住宅が広がっているので、両脇から人が集まってくる感じ。それにしても商店街の看板、立体化されたものも多くて、主張が強いですね?

柴　言われてみれば、そうですね。どことなく映画のセットのようにも見えます。中学時代は、このあたりの商店街を学校からの帰り道に通っていました。

倉　柴崎さんのご実家は、いままでもこのあたりですか?

柴　昔はこの近所の市営住宅に住んでましたけど、その後に引越しをして。だけど、その引越し先もまた大正区内です(笑)。近所にクリスマスのイルミネーションを競い合って家全体がメリーゴーラウンドのような状況のとこがあるんですけど、先日実家に帰ったら、実家も結構きらきらしてました。

倉　住宅のイルミネーション、あちこちで盛んなようですね。

柴　関西では「イエナリエ」と言うそうです。神戸でやってる大規模なイルミネーションイベント「ルミナリエ」に掛けて…。

倉　柴崎さん宅のイエナリエ、見てみたいなあ。泉尾のあたりにも、古い町家がいくつかのこっています。特に1丁目にある大正期の町家(能登家住宅)の風格はすごい。黒い漆喰壁で、奥には蔵も見える。周囲の空気感を変えています。

柴　前の道を通っていただけですが、昔から立派な家だと思ってました。柱だけ洋風になっていたり、細部まで凝ってますね。屋根にも装飾が見えます。

倉　ほんとだ。うだつも上がっています。

柴　同じ町内には、モダンな洋館風建築の病院もあります。

倉　このあたりは、公園の周りに病院や銀行が集まっていて、界隈の中心地のようですね。落ち着いた建物によるいい雰囲気が生まれています。

柴　昔はたしか警察署もありました。この先にある大正湯という銭湯にもよく通っていて。これまた

南北に走る路地の先に波打つ大阪ドームが姿を現す。ちょっとした怪獣映画の趣き。路地も美しい。

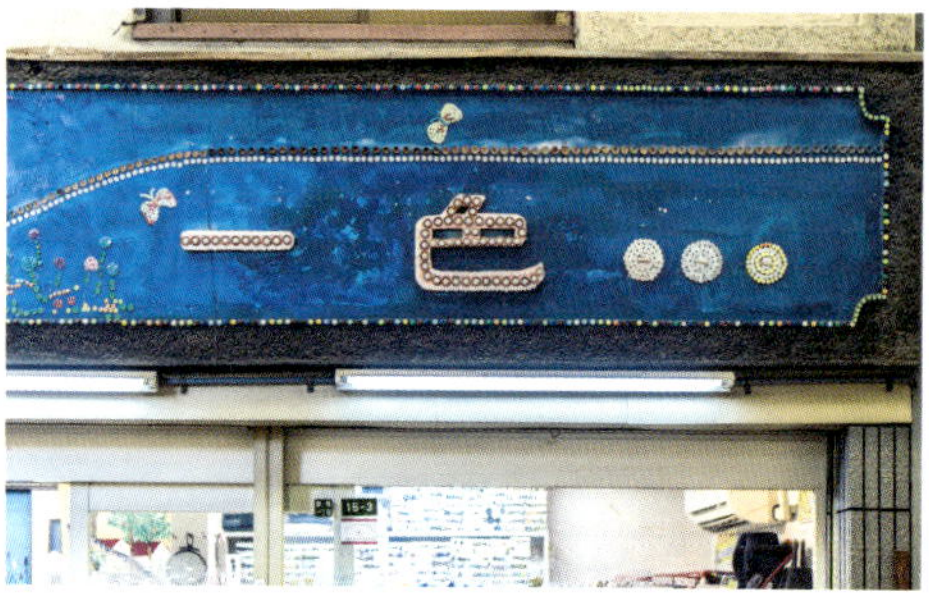

いい感じの建物なんです。

倉　玄関も2階も、モダンデザインで技巧を凝らしていて、大事な街かど文化財。東京だと唐破風があったりとレトロ系ですが、大阪はモダンさで客を誘う。同じ昭和の銭湯でも、ずいぶん違いがあるんだなと最初驚きました。

柴　中は自然光が差しこんで、日曜の朝風呂なんかは、とても気持ちよかった記憶がありますね。

倉　大正のこのあたりがまさに柴崎さんの原点、生まれ育った街なんですね。

柴　見渡すかぎり、同級生や友達の家と店だらけです（笑）。

街の礎を築いた、大阪万博の熱が今も。

倉　泉尾の街をずっと南へ歩いてきましたけど、昔ながらのアパートや町工場など、いい雰囲気の建物がまだまだありますね。住宅だけでなく、工場があれば、病院も商店もあって、この街だけで完結

大正湯●いろんな建築部材が使われてた技ありの建物。大阪市大正区泉尾1-30-11

大正駅から大正区役所、千島団地のあたりまで。目玉スポットがあるわけではないが、ぶらり街歩きが楽しい。

したひとつの独立国みたい。
柴　そうなんです。子どもの頃は、テレビドラマで住宅ばかりが並ぶ街並みを見て、それって一体どこにあるんやろって不思議に思ってました。
倉　都市って、住宅地、オフィス街、工場地帯とセグメント化されることが多いけど、このあたりはそれが一緒になっている。だから、普通の民家だったとしても、工場的な美学が浸透していたりして、デザインに共通性が発見できるのがおもしろいです。
柴　鋭角の階段、凝った窓枠、タイル張りの壁……細部を見ると、決して画一的じゃなくて、ひとつひとつ凝ってるんですよね。
倉　職人技が自然と入りこんでいます。
柴　そういえば、三軒家の公園には近代紡績発祥の記念碑が立っています。「東洋のマンチェスター」と呼ばれた時代ですね。
倉　出ましたね、「東洋の」（笑）！でもほんとに、質実剛健といった建物があるのは、住宅と工場が混在した街ならでは。
柴　戦災で焼け残ったところには、狭い路地と長屋もまだあって。…と話している間に見えてきました、千島団地です！
倉　うわっ！これはかっこいい！工業と合理と理想の時代を体現したような集合住宅。
柴　さっき見たこれまでの1戸単位の住宅と、この大規模住宅のコントラストがまたいいんですよ。
倉　団地って意外にヒューマンな面もあって、そのよさもあります

が、これは硬派な美学の最右翼。こんなにデザインがかっこいい団地はそうありません。目に入るのは直線だけ、ベランダを奥に持ってきて外壁はあくまで面。角はぴっと立って、外壁面から突き出させた各階の庭園が透明な立方体を描いているかのようです。これだけの規模で、部分を全体に統合するという責任を負って綿密にデザインされているから、魅力的なんだなあ。

柴　団地の前に大正区役所が置かれていて、この場所を街の中心にしようという意図を感じます。私は、さっきの泉尾の市営住宅に住んでましたけど、こちらはUR(当時は日本住宅公団)、やっぱり特徴がはっきりしていますね。

倉　日本住宅公団は都市づくりを先導するという役割を担っていましたから。

柴　最先端をつくるという心意気を感じます。

倉　建物を高層化したおかげで住棟の間には空間が広がっています。付近に高層建築がないから、向こうの空まで抜ける景色が遠近法の

千島団地 ● 低層家屋の多い大正の街並みに、悠然と姿を現す高層団地群。1〜5号棟まであり。大阪市大正区千島2-4

お手本みたい。敷地内に商業施設を配置したり、市民農園が設けられたり、一帯を開発するからこそできる新しい暮らしを提案しています。

柴　団地の最上階にひとつ浮いたような部屋が見えていますけど、たぶんあそこが集会室で、私、子どもの頃に行ったことがあります。眺めがとてもよかった記憶が…。

倉　確かに、気持ちよさそうだ。住民のための公園もコンクリートブロックによる独特の構成で、大阪万博の余韻を感じます。

柴　かなりオブジェ的な遊具で、遊び方に工夫がいりそう（笑）。

倉　どこまでも理想主義で実験主義的。従来の馴染みに安らぐような消費者には迎合しない（笑）。

柴　でも見てください。あちこちの家で、布団やらいろんなものを干してるから、カラフルな眺めに。大阪っぽいですね。

倉　インドにコルビュジェが都市計画をした街がありますけど、そこも建築と拮抗するくらい、インド人が建物を使いたおしていて、通じるところが…。活力ある大勢の人が住むんだったら、建物は冷たいくらいでちょうどいいのかも。

柴　団地の隣にある昭和山（千島公園）は、標高35m。大阪万博に合わせて開通した、大阪市営地下鉄の建設で出た土を盛ってできた山です。

倉　だから昭和山。これも昭和の理想の時代の由来なんですね。

柴　地図で見ると、山への道がぐるぐると渦を巻いていて、やっぱりすごく人工的。昔の写真では土が露出したハゲ山でしたし、私の子どもの頃の記憶でも、こんなには木が生い茂ってなかったのに、それがいまはこのとおり。

昭和山 ● 広さ11万㎡を超える千島公園にある人口丘陵。その意外な山っぷりに驚かされる。大阪市大正区千島2-7

倉　緑にあふれてますね。千島団地と同じで、40年以上の歳月がいい結果を生んでいます。人工的な設計と自然の力がほどよく拮抗しているという意味では、古墳みたいなもので、あれも大規模で幾何学的な建造物を国家的動員でつくって、いまとなっては自然に覆われているという。

柴　昭和山は昭和の古墳！　昔に比べると山頂からの眺めも、木々に覆われて見通しが悪くなってますけど、それでも大阪の中心部の方まで見渡せます。

倉　標高のわりには、ちゃんと山に登った感じがして、昭和山から見える千島団地もいい。山から団地が同じ高さで見えるって、他にない独特の景色ですね。

威風堂々たる
巨大工場と橋が出現。

柴　区役所からさらに南のエリアは、街のスケールが変わるので、バスで移動した方がいいかも。

倉　大正区は「沖縄タウン」としても売り出しているんですね。最近まで、大阪に沖縄タウンがあるってことを知りませんでした。

柴　「おきナニワん」プロジェクトですね。がんばってます。平尾商店街まで行くと、沖縄の食材を売っている店もありますよ。そんな街歩きも楽しみながら、やって来たのがめがね橋（千本松大橋）。

倉　ここまでの橋とはまたケタ違いのスケール。狭い敷地にあって、橋の高さを出すために、道がぐるぐると回転しています。

柴　この橋は一応、歩行者でも登れるので、ときどき走ってる人を見かけます。ボクサーとか、何かを自分に課してる人ですね。映画『どついたるねん』で、赤井英和がここを走る場面がありました。

倉　巨大な土木構造物がそんな使われ方を…。あっ、ほんとに走ってる人が橋を下りてきた。

柴　しばらく休憩すると、また上がっていきましたね。

倉　やっぱりこういう使われかたなんだ（笑）。

柴　昔は、この橋の上から中山製鋼所の高炉の火が見えていたのが、すごくかっこよくて。映画『ブラックレイン』や『ブレードランナー』さながらの光景でした。

倉　２０００年代になって、高炉は休止しましたけど、中山製鋼所は健在です。近くまで見に行ってみましょうか。

柴　……いやぁ～ーかっこいい!!

倉　中山製鋼所の工場の間を走る道は公道なんです。ここまで来るとダイナミックに工場が体感できますね。

柴　無数の鉄パイプが生き物のように走っていて、実用が人間の論理、デザインを超えています。これはすごい！

倉　工場というのは、装飾という

千本松大橋 ● 木津川河口を結ぶ大橋で、水面からの高さ33m。「めがね」を実感するには上空から見る必要がある。橋と並行して渡船も運行されている。

よりも、すべて何らかの根拠があって形が決まっているんだけど、これだけのスケールになると、もはやその根拠が何かわからない。そういう意味では、非人間的な魅力がありますね。

柴　工場そのものが有機的に成長しているようで、まさに近未来SF的光景。中学生の頃に、友達と自転車でどこまで行けるかって、このあたりまで来たことがあるんですけど、ちょっと体力を奪われる感じでしたね。子ども同士でいると怒られそうな感じもして。

倉　先ほどまでいた、暮らしのエリアとは断絶している。

柴　見てください。「連鋳門」「造塊門」とか、門の名前までかっこいい。

倉　即物的で装飾がない、漢字のロジカルさが工場にマッチしています。中山製鋼所は、本社事務所にも注目ですよ。毅然とした構成を持った昭和戦前の鉄筋コンクリート建築なのです。

柴　工場のボリュームに気をとられていましたけど、こんなにモダンな建物だったんですね。

倉　中山製鋼所を創業した中山悦治は、戦前に芦屋の自邸を村野藤吾に設計させています。大正にある工場で巨額のお金が動いて、阪神間の文化にもつながっていたわけですね。

中山製鋼所 ● 量感たっぷりな工場群と、モダンな本社ビル。その押し引きの加減がにくい。大阪市バスで行けば、70号系統の「東船町」停下車すぐ。大阪市大正区船町1-1-66

40

いまも現役の渡し船で海と街のつながりを思う。

柴　最後に渡し船に乗って、大正編を締めたいと思います。大正区には7つの渡船航路がありますが、いちばん航路の長いのが千歳渡船場です。

倉　自転車で渡し船に乗る人が大勢いるんですね。

柴　そうなんです。渡し船といっても知らない人が多い。無料だとか、自転車も乗れるとか、なかなかイメージされにくくて。

倉　航路の上には、千歳橋という橋高約30mの巨大な橋が通っていて、ものすごい迫力。先ほどの中山製鋼所もこの橋も、非日常的なスケールのものが生活圏のすぐそばにあるのが大正の特徴ですね。しかもバスや船を乗り継いで、大正の中を移動するだけでショートトリップが味わえる。

柴　そうですね。日常がリセットされるような感覚がありました。

倉　柴崎さんは小説の中で、橋や

渡し船の風景も描かれています。

柴　東京に出てから、自分の生まれ育った大正の風景のおもしろさに気づいて、小説に書いてみようと思うようになりました。橋や渡し船、工場って、日常の外にあるんだけど、実は日常を支えているものじゃないですか。たとえば鉄鋼だって、必ず日常生活のどこかに使われている。だけど、それがどこでつくられて運ばれてきたのかを普段は考えることがなくて、大正に帰ってくると、そういったことを思い出すきっかけにもなります。

倉　暮らしとは切り離された「生産」のエリアだったとしても、やっぱり日常とはどこかでつながっている。それに気づかされたときに、ハッとするということがあって。それは決して遠くへ行かなくても体験できるんですね。

柴　もうひとつ、今日は澪標（みおつくし）マークをたくさん見ました。それは橋を渡ったり、渡し船に乗ったときに、川辺の標識が

千歳渡船場 ● 大阪市が運営する8つの渡船のひとつ。乗船は無料、自転車もOKという住民の足にして、ほんのささやかな船旅気分も味わえる。鶴町側：大阪市大正区鶴町4-1-69 北恩加島側：大正区北恩加島2-5-25

目に入るからなんですけど、大阪市の市章とはいえ、繁華街ではここまで見かけない。

倉　確かに。水辺との距離が大正になるとより近くなる。

柴　今回のスタート地点から、橋と川はずっとそばにありました。

倉　地形的には、川は海へと向かって流れているんだけど、このあたりは川の水運利用が当たり前だから、海から川を伝っていろんなものが入りこんでくるという逆向きの文明の流れが伝わってきます。

柴　大正に沖縄出身の人が多いというのも、同じことですよね。九州や四国出身の人も多いし、みんな海を渡ってきた。

倉　人も物も水辺から入ってきたという、大阪の街の成り立ちが実感できるルートでした。1泊2日の小旅行くらいの充実感（笑）。

柴　そういえば、向こうに見える巨大なみはや大橋は、市バスで渡ることができるんですよ。橋の上からの眺めもすごくいいので、ぜひ体験してほしいです。大

心斎橋—難波

大小の店舗が建ち並ぶ商業地区は
建物の表情だってとても賑やか。

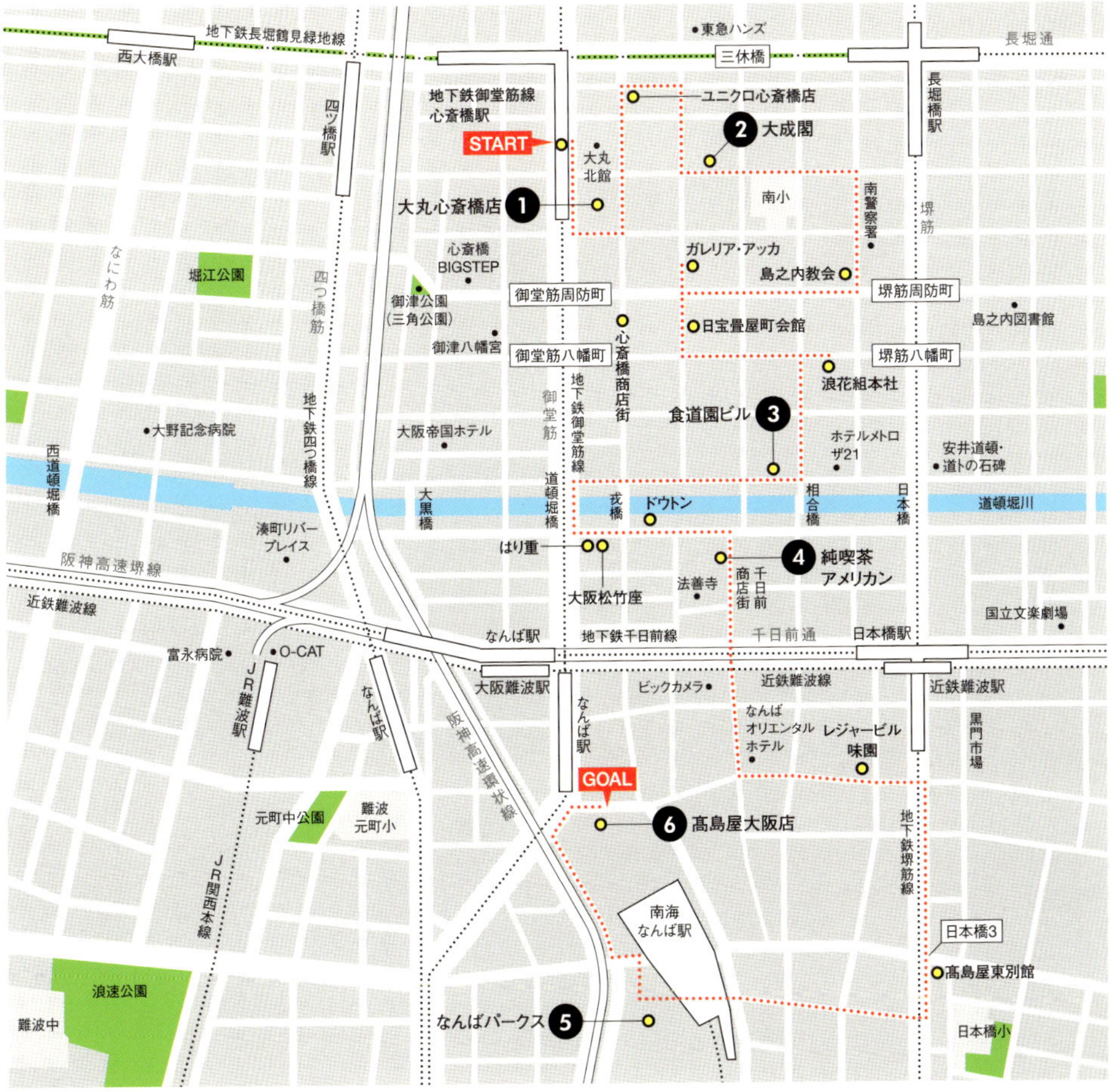

79

建築散歩ルート

1 大丸心斎橋店
2 大成閣
3 食道園ビル
4 純喫茶アメリカン
5 なんばパークス
6 高島屋大阪店

ここはとても賑やかな大阪一の繁華街。目に飛びこんでくるもの多すぎて見過ごされがちですが、実は、驚きの建物がたっぷり！

大阪の中心で味わう、建築空間のドラマ。

倉 今回は、地下からスタート。地下鉄御堂筋線の心斎橋駅です。

柴 改めて見ると、長いホームですよね。開通した当時は1両編成だったのに、将来を見越して12両分の長さでつくったという話を大学時代に聞いて、すごいなあと。

倉 川の下を通さないといけないので地下深くにホームを設けなければならなかったのですが、それを逆手にとって、天井の高いかまぼこ型の空間を実現させた。こんなに伸びやかな空間は、その後の日本の地下鉄にもないですよね。最初の梅田～心斎橋間が1933年の開通だから…。

柴 約80年前ですね。視線をさえぎる柱がほとんどないのも驚きです。そして、この照明のデザイン！

これが特注のシャンデリアとかじゃなくて、蛍光灯の組みあわせからできてると気づいた時に、大阪っぽいなと思いました。よく見ると、普通にむき出しの蛍光灯を使っているだけなんです。

倉　モダンなデザインでかっこいい。しかも合理的。フードをつけるとホコリがたまるし、蛍光灯の交換も面倒になりますから。天王寺、淀屋橋と駅ごとに少しずつ照明のデザインも違うんですよね。

柴　ちょっとした工夫で、ええ感じにしてるのが感動的。なるべく維持してほしいですね。

倉　では、地上へ上がりましょう。

この広大な地下空間から、改札のところで一度狭くなって、地上へ出ると……心斎橋の街並みがバーンと広がります。空間のドラマがあるんですよね。

柴　目の前に現れるのが大丸心斎橋店。いいですね。私は、ここが大阪の中心だと思っています。

柱がなく、天井の高い地下鉄御堂筋線心斎橋駅。梅田～心斎橋間に開通し、1938年には天王寺まで延伸された。淀屋橋駅、天王寺駅とそれぞれデザインが異なるシャンデリアにも注目。

倉　百貨店には安心の風格と、流行の浮き立つ感じという相反する要素が求められると思いますが、それを見事に兼ね備えた百貨店建築です。

柴　建物全体もいいし、ひとつひとつの装飾も細かくて、見るたびに発見があります。エレベーターのデザイン、エントランスのステンドグラス、星形の装飾……夢の国にやって来たという感じがして、ほんと楽しい！

倉　まさに！　この建物は夢の国なんです。よくゴシック様式やアールデコと言われますが、アラベスク文様のモザイクがあったり、『イソップ物語』をもとにした装飾が施されていたり、細部の要素は魅力的なんだけど、全体が何様式かと聞かれると答えにくい。夢って、場面場面は楽しいけど、理性的に考えると辻褄があわなかったりしますよね。そんな夢に似た一体感を設計できるのが、建築家・ヴォーリズの希有な特長。百貨店の設計を彼に任せたというのが目利きです。

柴　大阪を舞台にした小説で、何

度かここのことも書きましたけど、そのためにじっくり観察に来たことがあるんです。玄関の上の装飾は何段だったかなとか。そこまで細かく書くわけじゃないけど、確認のため。そうすると、決して左右対称でもないし、不思議な装飾もたくさん見つけて、ますます好きになりました。

倉　柴崎さんが特にグッとくるところってどこですか?。

柴　たくさんありすぎて選べないくらいですけど、中央玄関を入ったところの天井かな。星模様の天井が、夢の国がここからはじまると、気分が盛り上がります。

倉　1度見ただけではわかりきらないデザインだから、ワクワク感があって百貨店向きですよね。

柴　機械的、形式的にデザインされていなくて、きっとその部分部分で考えられている。

倉　心斎橋筋商店街に面した東側は1925年に完成。御堂筋に面した西側は、御堂筋の拡幅にあわせて1933年に増築されました。

外から見ると、東と西でデザインが変わっているのがわかります。もとからある東側のほうがクラシックでおとなしい。

柴　ほんまや。まずはシンプルに建てた上で、増築部分でいろんなことをやったんですね。このあたり一帯は、空襲で焼けましたけど、当時の写真を見ると、ここと、そごうの建物だけが焼け野原に建っ

大丸心斎橋店 ● ヴォーリズの遊び心に満ちた装飾は決まったルールがなく、細部を見るたびに発見がある。大阪市中央区心斎橋筋1-7-1

心斎橋筋商店街側の玄関ファサードに掲げられた孔雀の陶製レリーフ。これが大丸のシンボルとなっている。

ています。そごうは建て替えられて、いまでは大丸北館になってますが。

倉　建物がのこされていることって強力で、これが街を代表する老舗だと一目でわかる。初めて訪れた人も、ここが昔からの商業の中心地なんだと気づく。海外でも百貨店というのはそうしたもの。民間なんだけど公的で、それが結局は利益にもつながるんですね。

知られざる、総合歓楽街の建築文化。

柴　心斎橋筋商店街の北側にはかつてソニータワーがありましたけど、その宇宙船ぽい建物も、私は好きでした。トラディショナルな大丸に対して、未来志向のソニータワー。その両方が私にとっての心斎橋の原風景です。

倉　60～70年代に建築の未来を語らせたら右に出る者のいなかった黒川紀章の設計ですからね。シースルーのエレベーターにカプセル型のトイレが印象的でしたが、2004年に解体されました。

柴　子どもの頃は心斎橋がまだ陸橋で、ソニータワーのエレベーターで下りてくるときの、その立体的な見え方が好きでした。映画『ブラックレイン』にも、心斎橋の陸橋がちらっと映っています。

倉　長堀川にかかる心斎橋は、明治時代に鉄橋から石橋に架け替えられましたが、川が埋め立てられて長堀通となった1964年に陸橋に。いまは横断歩道になりましたが、石橋だった頃の橋の欄干部分が一部のこされています。

柴　長堀通に地下鉄を通したときに、埋められていた昔の橋の部分が出てきたんですよね。

倉　心斎橋筋商店街の入口に建つユニクロ心斎橋店は、今や世界的な建築家の藤本壮介さんによるもの。これまで建築には使われなかった新素材を外装に採用して、眼の触感を刺激するような外観。

柴　確かに、建物ではあまり見ない質感ですね。心斎橋筋から東西へ延びるストリートに沿って歩いていくと、鰻谷《うなぎだに》と呼ばれるエリア。見てください。街灯がウナギの形！　これ、あんまり気づいてる人がいないんです。

ユニクロ心斎橋店 ● 真っ白の外装は特殊なフィルムを常時空気で膨らませて維持、裏には蛍光灯とLEDも仕込まれている。大阪市中央区心斎橋筋1-2-17

倉　ほんとだ！　凝ってますね。

柴　建物もいいですけど、このあたりは、イチョウやロボット形など、エリアごとに街灯の形が違うのでそちらもお見逃しなく（笑）。

倉　わかりました（笑）。東心斎橋はぎっしりと飲食店が密集していますが、まずは大成閣を見ましょう。実は村野藤吾の作品です。

柴　私の会社員時代に、中国からのお客さんのために、よくここを予約していました。フューチャー感のある建物ですよね。

倉　建物の前面にグリルをつけただけなんだけど、そうですね。村野さんは、20年代のアールデコも、60年代の熱気も、どちらも現役で知っていたので、レトロかフューチャーかよくわからない。だから古びない。

大成閣 ● 創業は1957年。1964年に村野藤吾設計による建物がオープン。1980年に新館が増築された。大阪市中央区東心斎橋1-18-12

浪

Cafe Terrace
樹 Jurin 林
駐輪

浪花組本社ビル●力強いファサードが圧巻（前ページに写る建物も）！ 浪花組は村野建築を多数手がけている。大阪市中央区東心斎橋2-3-27

柴　縦に細長い窓も素敵。村野藤吾さんの建築事務所って、心斎橋にありませんでしたか？ 看板を見かけたような記憶があります。

倉　そうなんです。それもあって、この界隈では数多くの村野さんの建築を見ることができます。東心斎橋には、村野さんが手がけた浪花組という左官業の本社ビルもありますけど、これはすごい。凹凸のある壁面も素材感も、過剰ともいえる凝りかたです。

柴　繁華街に突然現れるのでちょっとびっくりしますね。

倉　続いて、島之内教会を目指しましょう。中村鎮が設計した戦前の鉄筋コンクリート造。まだコンクリートが一般化してない時代に、中村は〝鎮ブロック〟というレンガのようなコンクリートブロックを開発して、火災でも燃えない建築を広めようとしました。

島之内教会●創立は1882年。1929年の会堂完成後、空襲で燃えてしまったが、1950年には復興工事を完了。設計した中村鎮は、いくつもの教会建築を手がけており、大阪では天満教会がいまだ現存。大阪市中央区東心斎橋1-6-7

柴　道路から少し奥まって建てられていることもあって、何度も前を通っていたのに気づいていませんでした。言われてみれば、レゴブロックでつくったような構造で、表の庇の柱もおもしろい。建てやすい工法だったんですね。

倉　市民が集まる信仰の場所を、市民が資金を出しあって建てたという建物の成り立ちと、合理的な鎮ブロックの工法があっています。鎮ブロックの建物って、あまりのこっていませんので、これは貴重です。

柴　それにしても、このあたりは、まだ現役のバブル物件もたくさん見かけますね。

倉　当時、流行した廃墟風の建築に「テナント募集」の貼り紙が似つかわしい……。しかし、安藤忠雄さん設計のガレリア・アッカはバブルまっただ中、1988年の建物ですが、いいですよ。

柴　建物の奥まで入ってみると、周囲の喧騒から遮断されますし、廻廊のようなつくりで空間が味わえます。なんちゃってなバブル建築とは違いますね。さすが。

倉　細長い敷地を活かして、人を魅了する空間を形づくっています。1976年の出世作「住吉の長屋」にも通じる作風。

ガレリア・アッカ●狭い間口の奥に広がる、コンクリート打ち放しの吹き抜け空間が心地いい。大阪市中央区東心斎橋1-16-20

柴　テナントもしっかり入居していて、現役感があります。

倉　安藤さんの初期の商業作品は見る影もなく改装されてしまったものも少なくありませんが、これは状態もいい。こんなに才能があるからこそ、この頃を境に大きな作品を依頼されて世界に羽ばたいていったんだと納得できます。ガ

日宝畳屋町会館 ● 館内にびっしり入った飲食店、バーの看板に目を奪われるが、実は建物も相当の個性派。大阪市中央区東心斎橋2-8-21

レリア・アッカをやや南へ下ると、日宝畳屋町会館が登場。これは濃いなぁ。

柴　昼間に見ると新鮮！　ものすごい数の看板、店の名前からも昭和があふれてます。

倉　バブル期のピカピカした感じとはまた違った、それより前の時代のギラギラ感。石材とタイルの贅沢な使い方にも迫力がある。

柴　ひとつひとつ見ていくと、この街には、いろんな時代の建物が混在してますね。

倉　盛り場という共通項だけがあって、あとはバラバラ。それぞれの建物が時代の空気を如実に反映しています。しかも、人を呼びこむために、建物の外観や空間にエネルギーが充満しているので、圧倒されます。道頓堀の北側にある食道園宗右衛門町本店ビルは、1968年築の建物で、焼肉ブームの礎を築いたと言われています。外も中もとてもゴージャス！

柴　このランチはオススメですね。ゆとりのある空間なので、ひとり焼肉でも全然行けそう。

倉　生山高資という盛り場のインテリアを主にしていた建築家が手がけたビルで、1階の凝ったインテリアもよい状態でのこっています。では、昼は焼肉ランチにしましょうか。

柴　さんせーい！

うつりゆく道頓堀でも粋とモダンはいまだ健在。

柴　この数年で、道頓堀の雰囲気も随分変わってきました。道頓堀川の川べりを歩けるようになったので、街と水辺との距離が近くなったように思います。

倉　遊覧船が頻繁に通って、水を中心としたコミュニケーションがこの街にはありますね。だけど、戎橋ほど広告面が目立っている場所もなかなかないです。日本のタイムズスクエア…。

柴　ここでみんなが記念写真を撮りたくなる気持ちがわかります。

倉　御堂筋沿いのはり重は、戦後すぐの1948年にできた鉄筋コンクリート造なんだけど、いかにも和風という建物。破風を連続させていて、なかなか大胆です。

柴　〝記念日ははり重で〟というほど、大阪人のごちそうイメージですね。はり重は精肉店も併設していますけど、そのショーウィンドウが昔ながらの感じがあっていいですよ。

食道園宗右衛門町本店ビル ● 写真は1階部分。2階には特別貴賓室、3階には大広間もあり。大阪市中央区宗右衛門町5-13

はり重 ● 開業は1919年。1948年に現在地へと移ってきた。すき焼き、しゃぶしゃぶがいただける本店の1階に、グリルやカレーショップも併設。大阪市中央区道頓堀1-9-17

大阪松竹座● "道頓堀の凱旋門" と呼ばれた大アーチなど、正面玄関に当時の面影がのこる。大阪市中央区道頓堀1-9-19

倉　変化の激しい界隈にこれだけ変わらないものがあるとホッとします。隣は大阪松竹座。このあたりは道頓堀5座と言われて、芝居街として栄えていましたけど、今も現役で使われている建物は意外にないんですよね。

柴　そうなんですよ。松竹座は1997年に建て直された建物ですけど、表のところは、昔の雰囲気をそのまま残しています。

倉　そして、「かに道楽本店」の隣に見えているビルが、食堂ビルとして建てられたドウトン。村野藤吾がビルの壁面をキャンバスに見立てて、大胆な装飾を試みています。

柴　どういうビルなのかよくわからなくて、昔から気になっていました。壁面のタイル画って、昭和のある時代の建物に多く見られますね。

倉　そうそう。第二次世界大戦後に公共壁画が世界的に流行しますが、そのときに日本ではタイルが多く用いられたんです。ドウトンには、建物を使う人だけじゃなくて、道行く人にも楽しんでもらいたいという村野さんの気持ちが、よくあらわれています。

柴　何が描かれているかはあまりわかりません。抽象画のような、子どもの落書きのような…。

倉　これが現場作業でできているんですから、建築って原寸大の工作なんだなと思いますね。図工の時間にやっていた工作の規模が大きくなったと思えば、もっと自由にやってもいいんだって。

柴　道頓堀は、過剰なくらいに看板が目立っているので、それを見ているだけでも楽しいですね。

倉　ドウトンに通じるような、遊び心にあふれています。

柴　大阪の沸き立つ感じがものすごく感じられるし、こんなことをやりたい！というエネルギーが建物でもどんどん実現されているみたい。みんなが自分のやりたいことを好きなようにやっています。

倉　純喫茶アメリカンもそんな貴重なお店のひとつ。

柴　天井がなみなみの模様になっていますよ。壁に置かれた目のよ

巨大なドウトンの壁面は建物上層部に広がっているため、建物の前を歩く多くの人が気づかずに通りすぎている。

純喫茶アメリカン ● タイルを貼った天井、木材を波打たせた壁面、幾何学装飾の美しい衝立…すべてがオリジナル。P 92に写る3連シャンデリア、大きなレリーフも見事。大阪市中央区道頓堀1-7-4

うな形の照明も気になります。

倉　工業的なデザインと手づくり感のあるものが共存していますね。厨房などは特にそうですけど、非常に清潔感のある空間になっていて、いまの感覚だと病院だと言っても通るような感じ。建物ができたくらいの時代だと、ぴかぴかで衛生的なのがモダンの象徴でした。

柴　グラスもとてもきれいに並べられています。

倉　戦前から戦後すぐにかけての喫茶店は、ガラスやステンレスを活かした清潔さがモダンに通じていますが、70年代頃から木目調を中心とした、ヨーロッパのカフェの雰囲気に変わっていきます。

柴　確かにそうですね。銀座にある資生堂パーラーは、薬局の中に作られたのが最初なんですよね。あそこはモダンです。

倉　そう、資生堂パーラーの前身「資生堂ソーダファウンテン」が誕生したのが1902年です。

柴　純喫茶アメリカンは、そんな時代の空気を残した貴重なお店なんですね。

ミナミで気を吐くランドマーク建築とは。

柴　レジャービル味園までやって来ました。和食と中華料理、ホテルがあって、2階には個性的な飲み屋がたくさん入っています。新宿のゴールデン街がそのままビル内にあるような感じ。

倉　ビル丸ごとで娯楽の殿堂というか、盛り場を立体化したようなつくりが画期的です。

柴　ゴージャスなんだけど、手づくり感もあって不思議なデザインです。

倉　創業者の志井銀次郎が自分で設計して、自分のところの営繕部に建てさせたという、自社設計自社建築。まさしく大阪のオレ流、手づくりビルなんですよ。

柴　2階へと上がるスロープ、その横の噴水、吊られた照明、ひと

レジャービル味園●開業は1955年。巨大キャパを持つ5階の大宴会場をはじめ、地下の元・キャバレー空間、バーが林立する2階など、フロアごとに楽しい。大阪市中央区千日前2-3-9

つひとつが気になります。

倉　すみずみまで装飾が行き届いて、しかも個性的。巨大キャバレーも含めて何度も作り替えられています。ホテルの客室も各部屋ごとにデザインが異なっていたり、とにかく凝っています。

柴　味園の前を通って、専門学校まで通っていたことがあります。

倉　今日歩いてきたところはほとんどそうですけど、昼と夜ではまったく雰囲気が違うでしょう?

柴　夜はネオンの灯りが強くて、これほど建物がはっきりとは見えませんね。

倉　そうなんですよね。たとえば、緻密にタイル貼りの壁面にしたとしても、夜だとほとんど誰も気づかないのに、それでもちゃんと凝ったビルを建てている。直接、商売には関係ないんだけど、きちんと自分の店らしさを追求して、建物の形や空間をつくっているところがいいし、昼に見ても全然がっかりしない。

柴　むしろ、発見がありますね。

倉　味園から堺筋まで出て、通りを下っていくと、クラシカルな建物が見えてきます。高島屋東別館は、主に名古屋で活躍した建築家、鈴木禎次による設計で、もとの木造建築から1928年に建て替えられました。

柴　そうか、ここはかつて松坂屋だった建物だから、名古屋つながりなんですね。

倉　そうです。鈴木禎次の本格的な作品としては大阪で唯一。古典的な建築を追求した建築家です。1階のアーケードは堂々としたアーチで、その上から柱をすっと伸ばして全体を規律づけて、頂上は軽やかに。オーソドックスな3層構成の見本のような骨格です。

柴　いまは高島屋の別館なので事務所として使われていることが多いそうで、その分、建物自体はとてもきれいにのこっていますね。

高島屋東別館 ● 松坂屋が天満へ移転した後、高島屋が買い取った。なかなか建物全体を見通す場所が少ないため気づきにくいが、威風堂々たる作風。大阪市浪速区日本橋3-5-25

倉　クラシカルですが、外壁のクリーム色も功を奏して、明るく軽やかな雰囲気がありますね。装飾にはアールデコの風味もあって、大丸心斎橋店と同じ時代を感じさせます。

柴　ほんまや。ショーウィンドウやドアの上のところなど、装飾がかわいい。

倉　遠目に見ても、近づいても立派、さすが鈴木禎次。ちなみに、夏目漱石の義理の弟にあたる人なので、漱石の日記にもその名前が出てきますよ。

新旧の巨大商業建築と鉄道会社のいい関係。

柴　大阪のミナミで私が好きな場所のひとつがなんばパークス。六本木ヒルズと同じ人の設計ですけど、こちらが断然いいですね。

倉　六本木ヒルズはいろんな輝く素材を使ってギラついた顔ですが、こちらは緑の印象が強いですね。

柴　そうなんですよ。建物ができ

てから10年くらいたって、植物がいい感じに生い茂ってきました。グランドキャニオンをイメージされているそうで、峡谷のような吹き抜け空間になっているので、建物のあちこちから各フロアを行き来する人が同時に見渡せて楽しい。

倉 新しくなった大阪駅と同じ、劇場型の眺めですね。なんばパークスは大阪球場の跡地を再開発して、南海電鉄が手がけています。パークスというだけあって、屋上庭園と峡谷型の構造が特徴的。ひとつの新しい街をつくろうという決意を感じます。この形で建物をつくった以上、最初のコンセプトを動かしようがないですから。

柴 都会的な百貨店と郊外のモール。その両方のいいところを採用している感じを受けます。

倉 確かに。外に対して開いて、場所性を感じさせるところもいい。百貨店もモールも、基本的には中に入ってしまうと同じなんだけど、ここは常に外部の環境をよく採りこんでいます。

柴 あっ、ラピートが通ってますよ。南海電鉄といえばのラピートを見られるのもうれしい。

倉 ラピートは、若林広幸さんがデザインした特急電車ですけど、走りはじめてから年月が経って、いい感じにこなれてきた感じがします。窓が楕円ですからね、すごい。

柴 シートはヒョウ柄ですよ！

倉 さて、ミナミをずっと縦断してきましたけど、最後は、高島屋大阪店でしめくくりましょう。

柴 特徴的な柱と丸いアーチの窓、いかにも百貨店らしい建物です。

倉 今は駅の機能が奥の建物に移っていますが、1930年から32年にかけて開業した当時は、ターミナルとしての役割がメインで、そのときから高島屋が入居しました。南海電鉄は現存する中で最も古い歴史を持つ私鉄。その創立50周年の記念事業として建設された4代目のターミナルです。

柴 高島屋は、一方通行の御堂筋を直進してくると、道の正面に現れるので印象が強い。御堂筋だけでなく、心斎橋筋もこの区画で合流しているんですね。

倉 都市の動線を見事に受け止めています。設計者は久野節。同時期のターミナルデパートとして浅草駅も設計していますが、得意としたルネサンス・スタイルのデザインと複雑な機能をまとめ上げる技量は、こちらにより強く発揮されている。久野は大阪府堺市生まれなので、大阪堺間鉄道として1884年に創立された南海電鉄ともゆかりがあるんですよ。

柴 百貨店って店ごとに世界観がありますけど、高島屋と言えばバラ柄の包装紙で、そのイメージとこの建物の世界観がよくあっています。

髙島屋東別館には現在、髙島屋の店舗はないが、3階の髙島屋史料館では様々なアーカイブが公開されている。入場無料。

なんばパークス ● 奥に、氷河をイメージしたガラス張りのエスカレーター部が見える。大阪市浪速区難波中2-10-70

倉　華やかですよね。今日は、村野藤吾の大丸心斎橋店、もとは松坂屋だった鈴木禎次の高島屋東別館、そして久野節の高島屋と、三者三様のデパートの有り様を見ましたけど、いずれも時代の空気と街の特徴を反映していました。

柴　心斎橋って、新しいものをいろいろ採り入れてきた街だから、夢見るような大丸の建物があって。

倉　高島屋東別館は、世界のどこに建っていてもおかしくないスタンダードな建物で、高島屋大阪店は、鉄道の時代に対応したダイナミックな設計。それが歩いて行ける距離にかたまっているのがおもしろい。

柴　個々の建物には目的をもって来ますけど、こうやって面で歩くということを意外としないエリアなので、大阪の人でも気づいてないことが多そう。

倉　ここで紹介した以外にも、名前は通ってないけど、気になる建物がたくさんありました。

柴　お金をかけすぎないで、あるもので工夫をするという特徴も見られました。御堂筋線の蛍光灯もそうでしたね。

倉　下世話とか厚かましさみたいなことが、大阪の大衆性と誤解されることもありますが、〝ものは使いよう〟とか、〝ものは言いよう〟といった、同じことなんだったら楽しいほうがいいといった市井の知性こそ、大阪という街が持っている大衆性ですよね。

柴　そうですね。しかも、それを一部の人が独占するんじゃなくて、広く開かれています。

倉　ぜひ大阪の人に持ち続けてほしい美点ですね。大

高島屋大阪店●南海電鉄なんば駅の一大ターミナル「南海ビル」に出店。ビルの竣工は1932年。大阪市中央区難波5-1-5

天王寺

土地の歴史を体現したような
個性派の建築が集う。

建築散歩ルート

1. 通天閣
2. ギャラリー再会
3. 一心寺
4. 大阪市立美術館
5. きんえいアポロビル
6. あべのハルカス

ひとつひとつの建物が奔放で表情豊かな天王寺。通天閣とあべのハルカス、新旧の大阪観光スポットにも発見がありました。

新世界は大阪一のモダンスポット!?

柴　久々に新世界に来て、通天閣を前にすると、観光に来たなという感じ。放射状に道が連なっていて、すぐにでも映画のロケができそうです。

倉　大阪市内は江戸時代にできた東西南北の道が基本になっているので、こんな風に道の向こうに建物が見える風景というのは珍しいですね。

柴　あちこちに昔ながらの喫茶店がある。いい街！

倉　自然な生活感があって和みます。でも、初代の通天閣が1912年に完成した頃、ここは「新しい世界」という名にふさわしい最先端スポットでした。珍しい放射状の道も、初代の通天閣の下側がパリの凱旋門を思わせる形だった

通天閣●高さは100m。なお、頂上部のまるいネオンは光の色で天気予報を兼ねたスグレモノ。大阪市浪速区恵美須東1-18-6

のに対応していた。上がエッフェル塔に似た塔だったのですが、戦時中に解体され、1956年に復活したのが現在の2代目です。

柴　周囲にそれほど高い建物がないので、よく目立ってますね。

倉　こちらは過去を振り返らないデザインで、すっと伸びていますね。名古屋テレビ塔や東京タワーと同じ構造学者の内藤多仲の設計で、大阪の戦後復興の象徴と言えます。戦前のこのあたりは相撲や演劇や映画といった大阪一の興行の街でしたが、その名残りを伝えるのが1930年に開業した新世界国際劇場。

柴　建物そのものはおしゃれ。窓

新世界国際劇場 ● 現在も週替わりで名画3本立てをオールナイト上映、地下劇場では成人映画も、とまだまだ現役。絵看板もナイス。大阪市浪速区恵美須東2-1-32

ギャラリー再会●コリント式の列柱が空間を二分する店内。美しい曲線を描く階段もすばらしい。時折開かれるライブ時に内部を見ることができる。大阪市浪速区恵美須東1-4-16

の雰囲気もモダンでいい。

倉　戦前の劇場や映画館って保護されてこなかったので、いまではとても貴重。東京の浅草も新世界に似た昭和の興行街ですが、戦前の劇場や映画館はほとんどのこっていなかったりします。通天閣近くのギャラリー再会にも寄ってみましょう。

柴　登録有形文化財ですね。バルコニーのねじれた柱がおもしろい。

倉　映画館と同じように喫茶店というのも、気づくとなくなっている大衆文化の建物。1953年に喫茶店「再会」としてこの建物をつくったオーナーは、映画館を新世界だけで4つほど持っていた映画会社の重役でした。後に有名建築家となる石井修に「金はなんぼかかってもええで」と設計を依頼したそうです。20年ほど前に新しいオーナーの下で修復されて、これほど高品質に残っている昭和20年代の民間建築は全国的にもまれですよ。

柴　新世界がモダンで最先端だった時代の名残り、探せばまだあるんですね。見ようによってはシャンゼリゼ！

お寺、美術館、庭園…大阪的なる公共空間。

柴　新世界から天王寺にかけては、上町台地のへりにあたる場所で、起伏がかなりあります。西側、つまり上町台地の下から一心寺を見ると、崖の上の大寺院！という感じで迫力があります。大阪でこれだけ地形が露わな場所もめずらしい。

倉　ほんとだ。砦のようで、建築する意思が伝わってきます。一心寺は、先代住職の高口恭行さんが

建築家でもあって、ご自身で境内の建物を設計されている。入口にあたる仁王門からしてオリジナリティにあふれています。

柴　昔は仁王門に屋根がなかった気がするんですけど……訪れるたびに建物が増えているような（笑）。うちのおじいちゃんとおばあちゃんがこちらの納骨堂に納められているので、昔からお参りに来ています。納骨堂の骨仏は、10年ごとに遺骨をまとめて造立されているんですよ。だから、あの大仏にはうちのおじいちゃんとおばあちゃんが。

一心寺● 前ページの山門の形は、インド古代の様式にならったといい、野外舞台にもなる。写真上と右下は三千佛堂、寄進によって仏像が安置されていく。大阪市天王寺区逢阪2-8-69

倉　お骨で仏さまをつくるとはいいアイデア。戦前の骨仏は戦災で焼失したそうなので、いまは7体の骨仏があります。次は2018年に造立予定とのこと。

柴　常にいろんな人がお参りに来るからさびしくないし、もしも子孫がいなくなってしまっても大丈夫。すごく合理的でいい発想だなと思います。

倉　境内が日常的に来られる明るい場所になっていますね。最近、意識的なお寺が取り組んでいるコミュニティづくりの先駆けと言えます。

柴　開かれてますよね。一心寺の講堂として建てられた三千仏堂の建物もすごいですよ。

倉　おっ、外観があっさりしているので油断していました（笑）。上がすぼまった劇場の空間も、コンクリートと鉄を組み合わせた素材感も、仏像の迫力と拮抗しています。やはり先代住職らしい個性。

柴　一心寺のすぐ隣が天王寺公園になります。美術館下ゲートから階段を上がっていくと見えてくるのが大阪市立美術館。堂々としてますね。

倉　1936年の開館で、この頃、京都市美術館（1933年）や東京国立博物館（1937年）、愛知県庁舎（1938年）のように日本趣味の建築が流行していました。屋根を載せて、そんな時流に乗っています。でも、重々しくは仕上げていない。伝統の中から装飾の少ない土蔵造を選びとって、抽象的な装飾と幾何学的なバランスで魅せているのが上手です。

柴　大阪市内の小学生だと、この美術館で絵を展示された経験がある人もいるはず。

倉　市民の美術館として親しまれてますね。

柴　中に入ると、玄関ホールは吹き抜けで、イスラム建築のようなアーチが目立ちます。

倉　スペイン風だったり、イスラムだったり、アールデコだったり、いろんな国の要素をミックスさせているのが大阪的です。

柴　美術館から天王寺動物園を抜けて、新世界の街へまっすぐに続く動線も気持ちいいですよ。いまは、その間を阪神高速でさえぎられていますけど……。

倉　一本道の向こうに建物がある。これも大阪では珍しい光景ですね。市立美術館の敷地には、かつて住友家の本邸があり、大阪市に土地を寄贈して、この近代的な眺めが誕生しました。住友家から受け継がれたものもあって、美術館の裏の慶沢園がそうです。近代的な日本庭園を確立したことで有名な7代目小川治兵衛（植治）が作庭しました。

柴　いいお庭ですね。池の水がそれほど深くないので、水面に写る景色もきれいです。

倉　江戸時代の大名庭園をもとにしながらも、伸びやかで健康的。立ち止まって美しく、歩いて楽しい植治らしい日本庭園です。

柴　庭園まで来ると人の姿が少なくなるけど、それでも目につくのはおっちゃんたち、将棋をやってるんですね。新世界の喫茶店でもおっちゃんの2人連れを見かけましたが、そういう街って少なくなったと思いません？

倉　確かに、昔は女性だけで行ける場所が街に少なかったけれど、今は逆転したような。

柴　いまの天王寺は再開発が盛んですが、何十年と開発の波からとりのこされていたので、その分、いろんなことが昔のままのこっています。これだけ静かで広い公園や庭園が駅前にあることも、大阪では貴重かも。

大阪市立美術館 ● 吹き抜けになったホール天井に2基のシャンデリア、ステンドグラスの前は喫茶室となっている。美術館の館蔵品は約8000件超。大阪市天王寺区茶臼山町1-82

慶沢園の池に大阪市立美術館が映る。慶沢園、
市立美術館はいずれも天王寺公園内の施設。

倉　慶沢園の後ろに見える、天守閣形の看板のホテル醍醐。あれ、ラブホテルですよね。そのあたりも清濁併せ呑むというか。

柴　この庭がホテル醍醐の大名庭園みたいに見えますもんね。確か、夜は看板にライトアップもされるはず。これは計算して建ててますよ（笑）。

公園前の小さな路地で思わぬ出会いあり。

柴　ホテル醍醐の前までやって来ました。建物の前には巨石が置かれていたり、石碑があったりすごい情報量。実は、ここを通るたびに気になってました。

倉　エントランスには虎の置物や葵の紋。独特のポリシーを感じます。気圧されちゃって、入るのに勇気がいりそう…。天王寺公園のすぐ横の一角だけホテル街になってるのが面白いですね。

柴　あれ、そんな路地の中に洋館建築があります。

倉　ほんとだ。尊光寺というお寺さん。反りのある瓦屋根だけど、玄関は洋館風で、脇には縦長窓。建物は和洋折衷ですね。入ると、タイル張りの壁に取りついた獅子の口から水が出るなんていう仕掛けも。堂内も明るく広々としていて、普通の仏教寺院とだいぶ違います。これはすごいぞ！

柴　まさかこんな場所にという立地ですけど、今日はたまたま住職さんがおられたので、中を見せていただくことができました。住職の尾木原豊さんの話によれば、戦争中まではお寺は北浜にあったけど、住友家と土地を交換して、天王寺へ移転してきたんだとか。だから、なかば天王寺公園の敷地に入りこむようにして建っているんですね。

ホテル醍醐 ● 建築好きのオーナーによる建物は、大阪万博時代のものだとか。「ノーブルホテルダイゴ」と一体になっている。大阪市天王寺区茶臼山町3-11

倉　以前から住友家にゆかりがあって、界隈の由緒もよくご存じでしたね。細部まで念入りに仕立てられた建物は1953年に完成したとのこと。戦後間もない時期に、こんな品のある和洋折衷寺院が作られて、今まで維持されていたとは！

柴　とても大事に使われていますね。お庭や離れもよかった。

倉　こういう知られざる建築って、大阪にはきっとまだまだあるんでしょうね。

柴　そう思います。すべてがオープンにされてるわけではないですから。大阪の歴史を体現している尊光寺のようなお寺が、いまは猥雑な雰囲気となった路地にのこされている。これは、大きな発見でした。

倉　この街の懐の深さが垣間見られる一角ですね。歩き回ると面白

尊光寺 ● 現在の北浜4丁目の地に400年以上前に建立と伝わる。空襲で焼失の後、住友家の土地と寺基を交換して、現在地へ。大阪市天王寺区茶臼山町3-8

いことがあるもんだなあ。

高さだけじゃない。展望台の超・空間体験。

倉　大阪駅と梅田駅の関係のように最初は戸惑うんですけど、ＪＲのほうが天王寺駅で、隣りあう近鉄のターミナルが大阪阿倍野橋駅。あべのハルカスは、その名を冠して２０１４年に全面開業しました。西側にはウイング館が接続していて、ここには以前、村野藤吾の事務所がデザインした唐草文様のバルコニーがまわっていました。そんな印象的な装飾も、クールなパネルに一新。再開発が著しいこのエリアの中にあって、村野建築がのこっています。アベノセンタービルときんえいアポロビル。

柴　まさかアポロビルも村野さんだったとは…。

倉　アベノセンタービルのほうがオフィス向けなのでデザインが堅め。窓のサッシを小割りにするのは、そんな時によく用いた手法です。アポロビルのほうは映画館の入る商業ビルなので、遊んでいます。裾を拡げたような左右の形状は和風にも思えるし、「アポロ」ロケットのようにも見える。バルコニーの手すりも必要以上に繊細です。ともに１９７０年頃に建った普通の街場のビルなんですが、こんな変なことするのは村野さんくらい（笑）。

柴　だいぶ少なくなったとはいえ、大阪の街には村野さんの建築がまだまだあるんですね。

倉　大阪の建築家、と言われる意味がわかります。以前は近鉄の建物といえば村野さんでしたが、あべのハルカスはそんなイメージを払拭。マレーシアのペトロナスツインタワーをはじめ世界各地で多数の建築を手がけるアメリカのシーザー・ペリをデザイン監修に迎えて、日本一の超高層ビルとして建設されました。高さ３００ｍ。

柴　これまでの近鉄のイメージからすれば、スマートですけど、基本的にはシンプルなビルですね。

倉　せっかくなので、展望台まで上がってみましょうか。

柴・倉　……お～!!　これはすごいっ!

柴　エレベータを降りて、周りの景色が見えた瞬間から、ものすごい浮遊感。

倉　58階から60階が展望台フロア。3層吹き抜けなので、60階からだと58、59階にいる人が手前に、その奥に展望の景色が見えて、余計に高さが感じられる仕掛けになっています。

柴　窓から直接外を見るより、高さが実感できます。しかも、3フロア分の全面窓なので、パノラマ感覚もすごい。

倉　3フロアがひとまとまりになって、地上から300m近く押し上げられたみたい。余分な案内や売店はもちろん、これまでつきものだった双眼鏡すらなくして、肉眼による展望に徹している。潔い。

柴　展望台として何を見せるべきか。本当にそのことだけを考えて設計されていますね。近鉄といえば、どちらかといえばベタなイメージでしたが、一気にイメージが変わった!

きんえいアポロビル ● 末広がりになったカーテンウォールが特徴的。大阪市阿倍野区阿倍野筋1-5-31

倉　正直、いまどき日本一の高さを競っても…という疑問がありましたけど、高さだけではなくて、どんな空間体験がいま、必要かをよく考えている。

柴　JR大阪駅のステーションシティもそうでしたが、見た目の新奇さよりも、空間の機能や経験の方を重視した建物は、もっと評価されるべき。

倉　JR大阪駅もこちらも、実際の設計をまとめ上げたのは大手の組織事務所。名のあるひとりの建築家の設計ではないので、建築の文脈で語られない傾向にありますが、思考の深さが空間体験から伝わってきます。

街を一望しながら、大阪建築を振り返る。

柴　ハルカスの展望台から周囲を眺めてみると、展望施設としてこれ以上ない立地だと改めて気づかされます。上町台地の南端で、北を向けば目の前に四天王寺。谷町のお寺の並びが見えて、大阪城があって、その向こうには梅田のビル群が。大阪の歴史の変遷が一望できるんですね。

倉　四天王寺が6世紀末の創建だから、1400年ほどの大阪の歴史の骨格が視覚化されていることになる。それにしても、四天王寺の伽藍配置がきれいだなあ。

柴　東と南を向けば、広大な近鉄沿線が見渡せます。こんなにたくさんの人が住んでいるんやって、視覚化されてみるとまた新鮮。

倉　近鉄は日本最大の私鉄。最近の都心回帰の流れのなか、近鉄があべのハルカスを建てたことに決意が感じられます。大阪の郊外と都心の結節点をターミナルにして、歴史的に大阪に貢献してきたんだということを、新しい形で表明している。JR西日本の大阪駅、南海のなんばパークス…鉄道王国大阪の群雄割拠はいまだ健在!

柴　今回、いろんな大阪建築を訪れましたけど、ハルカスの展望台からはその多くが見えています。対談のゴールとしてこれ以上ない場所。夕景や夜景も見てみたいですね。夕日といえば、四天王寺の西門は、真西に落ちる夕日が眺められるように建てられた霊的な空間で、ハルカスはその要素も引き継いでいるとも。

倉　四天王寺のすぐそば、この場所にハルカスを建てたことの意味ってやっぱり大きいですね。天王寺の街そのものがアジア的な混沌としたところですし。

柴　聖徳太子が四天王寺を建てて以来の、あまねく衆生を救う意識がこの街にはいまも流れているんですよ。

倉 大阪の歴史がはじまる上町台地が、最後のセーフティネットとしても機能している。大阪のはじめと終わりがここから…。

柴 私が子どもの頃から、この街にはおっちゃんが多くて、みんな苦労はあってもそれぞれの人生を生きてはる。いろんな人がいていいんやなと思えて。

倉 なるほど。大都市は効率主義で弱肉強食という点が強調されやすいけど、等しく生きるものを包容する面も持っています。インドあたりまで旅に行かなくても、大阪で十分学ぶことができる（笑）。

柴 大阪市立美術館のイスラムっぽい要素だとか、いろんなことがアジアにつながって見えてきました（笑）。

倉 関西を含めて西に来ると、アジアと自然に連続した感じがあって、日本って改めて広いんだなと。

柴 そういえば近鉄沿線は奈良へ通じてますし、あべのハルカス美術館のオープニングは東大寺展でした。シルクロード感もあります。

倉 天竺まで通じてるんだ（笑）。今回の本では、大阪が近代都市としての骨格を揃えた中之島から話はじめましたけど、気づけば近代を超えて、古代まで見通すようなことになりました。

柴 建築をちゃんと見ていけば、日本の歴史から人間の一生までつい語ってしまうんですね。

倉 建築って見た目の部分に気をとられてしまいますけど、街との関係や、建てた人、使っている人の性格が反映し、建物の装飾や雰囲気が決まっているところがあります。建築を通して、大阪の人の気質が見えてくる。

柴 私の場合は、先に大阪の街があって、そこから建築のおもしろさに気づいていきました。

倉 入口は違いますが、興味の向かう先は同じですね。同じ人間が住んでいるのに、どうしてこんなに街ごとにありようがちがうんだろうって疑問から、私は建築学科に進学しましたから。大阪というのはよくも悪くも日本の縮図で、そこに大都市の特性が合わさっている。だから、大阪固有の現象というのは意外になくて、だいたいが日本の問題か、大都市の問題かで説明できることが多いかも。

柴 それは、私も大阪から東京へ引っ越して思ったことです。東京は首都として特殊で、大阪は地方代表という感じ。だから、大阪には日本全体の問題がいち早くあらわれるんですね。

倉 逆に言えば、今の日本の問題を最初に解決できるのは大阪のはず。歴史が古くて、しかも最先端なんですね。大

あべのハルカス ● 近鉄阿倍野橋駅のターミナルビルを建て替えて誕生。近鉄百貨店、展望台のほか、ホテル、美術館、オフィスなどが入る。大阪市阿倍野区阿倍野筋1-1-43

建物名INDEX

あ

か

さ

た

な

は

ま

や

ら

ブックデザイン　漆原悠一（tento）
写真　増田好郎
イラスト　死後くん
地図　宮本制作所
PD　山内 明（DNPメディア・アート）
進行　阿部雄太（大日本印刷株式会社）
編集　竹内 厚

大阪建築
みる・あるく・かたる

2014年11月1日　初版発行

著者　倉方俊輔　柴崎友香
発行人　今出 央
編集人　稲盛有紀子

発行所　株式会社京阪神エルマガジン社
〒550-8575 大阪市西区江戸堀1-10-8
☎06-6446-7718（販売）
〒104-0061 東京都中央区銀座1-7-17
☎03-6273-7720（編集）
www.Lmagazine.jp

印刷・製本　大日本印刷株式会社

ISBN 978-4-87435-455-1 C0026

大阪万博《おおさかばんぱく》のメモリー

'70 EXPO

大阪建築 ↓ 特別付録

「人類の進歩と調和」を掲げ、77カ国が参加。最先端技術を駆使した奇想天外なパビリオンを一目見たいと6400万人を超える入場者が「世界の千里」に押し寄せた…。時代を変えた、日本を変えたと語り継がれる大阪万博。大阪の街には、いまだ万博の残り香がそこかしこに漂う。そんなエキスポ・ムードただよう大阪建築を、お二人のコメントとともにぐるりと巡ってみましょう。

☆イサム・ノグチがデザインした彫刻噴水に動け～と念じてみる

万《ばん》博《ぱく》記《き》念《ねん》公《こう》園《えん》

Expo'70 Commemorative Park

（大阪府吹田市千里万博公園）

柴崎さん

万博を開催するために丘陵地を切り拓いたんだけど、そのあと植え直した木々がだんだん成長して、自然が戻ってきました。園内のそこかしこにある「○○館跡地」の標識をつい探してしまいます。

倉方さん

大阪万博って、みんな
終わった気でいるけど、
ここへ来ると実は
まだ終わってなかったんだって
気づかされる。

だって見てよ、この未来感！

☆「鉄鋼館」は、いまや希少な万博時代のパビリオン。こちらの設計は前川國男

☆見ようによっては、地球上に取り残された人類最後の拠点

国立民族学博物館《こくりつみんぞくがくはくぶつかん》

（大阪府吹田市
千里万博公園十の一）

National
Museum of
Ethnology

倉方さん

建物は、アジア発の建築思想として世界に知られる「メタボリズム」の考え方を実現して増殖しているし、変わり続ける展示は、西洋中心でない「人類の進歩と調和」のお祭り。

柴崎さん

生きたメタボリズム建築
というだけじゃなくて、
展示も常に新しくしてる
のが感動的。
「チワン族の高床式住居」などが
増えた東アジア展示に、
日本の祭りコーナーも
ますます絶好調！

倉方さん

「ビデオテーク」ブースに漂う

永遠の未来感！

天井に接続された
パイプは一体!?

☆関係者専用の通路…夏は灼熱、冬は極寒だって

千《せん》里《り》阪《はん》急《きゅう》

（大阪府豊中新千里東町一の五の一）

Senri Hankyu Dept.

柴崎さん

夢や憧れを
そのまま形にしたような
デザインに、心が弾みます。
いつまでも
「ニュータウン」。

☆外壁は三角形のパズルにもなっている（嘘）

セルシー

（大阪府豊中市新千里東町一の五の二）

Selcy

☆このステージがアイドルの登竜門（本当）

柴崎さん

「未来都市」の
予想イラストみたいな風景。
子どものころは来るたびに
「未来」を感じていましたが、
同時に懐かしくもある、
不思議な街。

船《せん》場《ば》センタービル

（大阪市中央区船場中央二の三）

Semba Center Building

☆高速道路ってこんなに美的だったっけ

倉方さん

土木と建築がこんなに一体になった
迫力の風景は、**国内でここだけ。**
大阪万博に間に合わせて
高速を通すために、それ以前にあった
船場の繊維問屋の人たちをまとめて、
道路の下に入ってもらった。

☆宇宙船の冷凍睡眠室ではありません

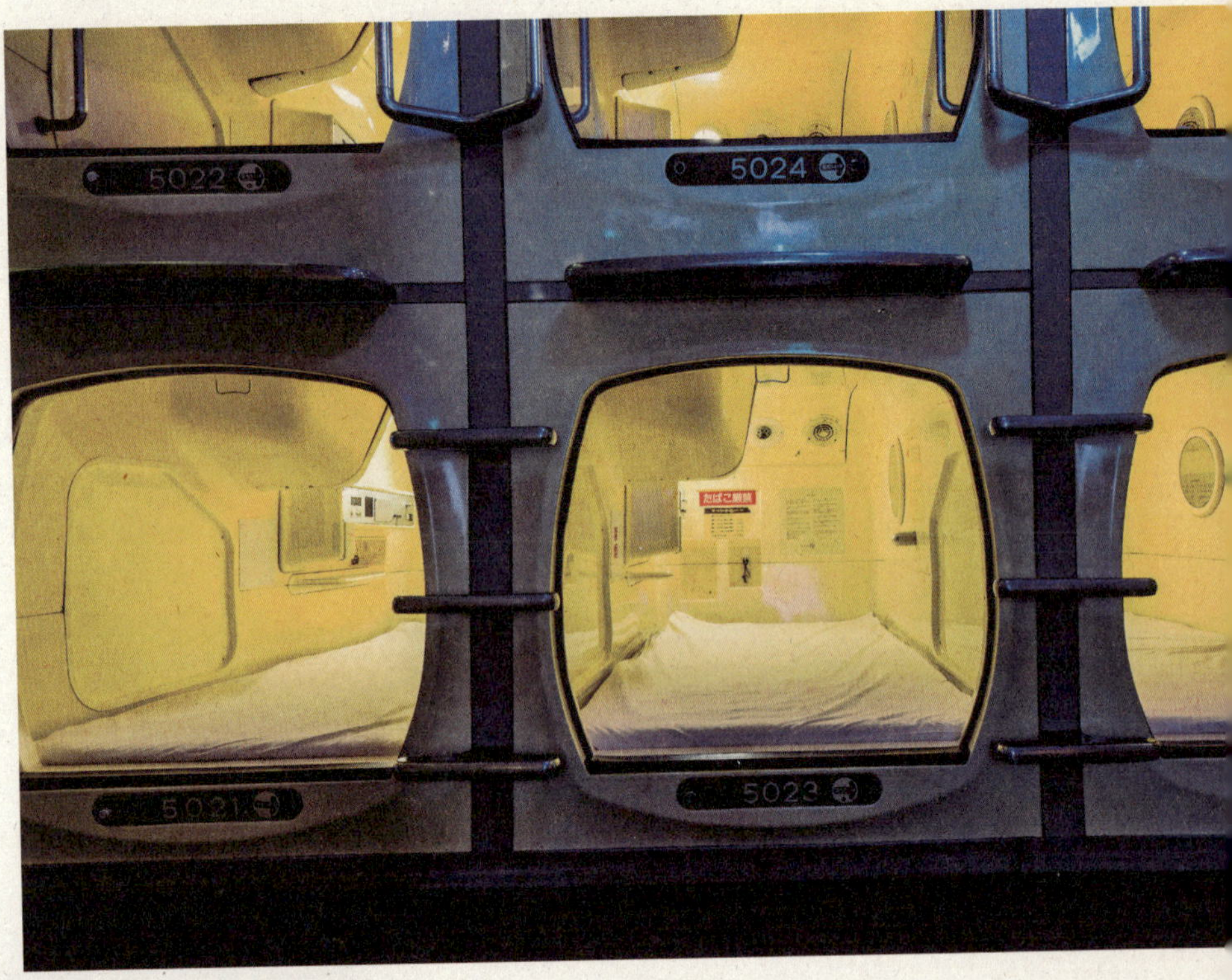

カプセルイン大阪《おおさか》

（大阪府大阪市
北区堂山町九の五）

Capsule
inn Osaka

倉方さん →

発明品を多く生んだ大阪だけど、
カプセルホテルもそのひとつ。
安く楽に泊まれる施設は
できないかと考えた
大阪のサウナの経営者が、
大阪万博でカプセル住居を
手がけた黒川紀章さんに
設計を依頼して、
レトロフューチャー
な傑作が誕生したんだ。

☆マヅラの開店は万博のあった1970年

マヅラ

（大阪市北区梅田一の三の一
大阪駅前第1ビル　地下一階）

Madura

柴崎さん

こんなにフューチャーできらきらなのに、近くで働く人たちがひと息つく場として、日常生活になじんでるのも**素敵。**

☆壁にはモザイク画が！